# 一代雄主
# 汉武大帝

## 史上最强帝王构建第一帝国雄风

江晓兴/著

中国言实出版社

**图书在版编目（CIP）数据**

一代雄主汉武大帝 / 江晓兴著 . —北京：中国言实出版社，2014.9

ISBN 978-7-5171-0833-7

Ⅰ . ①一… Ⅱ . ①江… Ⅲ . ①汉武帝（前 156 ~前 87）—传记 Ⅳ . ① K827=341

中国版本图书馆 CIP 数据核字（2014）第 217546 号

**责任编辑**：王蕙子

**出版发行** 中国言实出版社

地　址：北京市朝阳区北苑路 180 号加利大厦 5 号楼 105 室

邮　编：100101

编辑部：北京市西城区百万庄路甲 16 号五层

邮　编：100037

电　话：64924745（一编部）64924716（发行部）

网　址：www.zgyscbs.cn

E-mail：zgyscbs@263.net

**经　　销** 新华书店

**印　　刷** 北京普瑞德印刷厂

**版　　次** 2014 年 11 月第 1 版　2014 年 11 月第 1 次印刷

**规　　格** 710 毫米 ×1000 毫米　　1/16　18.5 印张

**字　　数** 210 千字

**定　　价** 32.80 元　　ISBN 978-7-5171-0833-7

# 序

汉武帝刘彻，中国历史上一位雄才大略的封建政治家，一位性格多面的皇帝。在他统治期间，以汉族为主体的统一的多民族国家得到了巩固，中国开始以一个高度文明和富强的国家闻名于世。

我们不能使用单一的标准评价任何人。人心本就是复杂的，更何况评价封建帝王呢！或许他的好发自内心，也可能是收买人心的手段；或许他的坏是皇权使然，不得已而为之，也可能本性就是薄情寡意。因此，既然我们无法剥离他身上的帝王标签，那么我们的评价就只能在他的帝王和凡人两种身份之间游移。

随着汉景帝的谢世，刘彻才真正登上了帝位，到达了权力的巅峰。从七岁当上太子，到十六岁登上帝位，刘彻在预备役锻炼了九年。九年的磨砺让刘彻知道，自己正如一支箭，若要坚韧、锋利，若要百发百中，磨砺它、拯救它的只能是自己。于是，大汉朝迎来了一次改变很多人命运的大变动。

假如你是一位汉朝小民，遇到一个人大谈以德治国，那么你可以确信他是儒学派；如果你遇到一个人大谈法律的重要性，那么你可以确信他是法学派。如果一个人主张“外儒内法”，那么恭喜你，你遇见刘彻了。当时刘彻的思想其实是儒法结合。他并非善良之辈，把儒家改造成一个具有武帝特色的儒家，并把法家思想融入其中，形成了“外儒内法”的思想，双管齐下。

汉武帝统治时期，人才辈出，这与兴办官学、广开仕途、注重奖惩、因材授职的人才政策是分不开的。刘彻在位的五十四年，是中国历史上一段少有的人才盛世，群星璀璨，各显其能。众多的人才辅佐雄才大略的汉武帝刘彻，创造了不朽的历史伟业。

在政治方面，进一步削弱诸侯王国势力，颁行“推恩令”，使诸侯王分封子弟为侯，王国封地被分割；建立中朝削弱相权，巩固了皇权的神圣地位；再设置部刺史，加强了对地方的控制。在军事方面，集中兵权，充实了中央的军事力量。在经济方面，整顿财政，颁布“算缗”、“告缗”令，将冶铁、煮盐收归官营，禁止郡国铸钱，大大增强了国家的经济实力。

汉初时，中央政权对边疆民族问题主要采取安抚和亲政策。汉武帝一改过去的方针，通过战争稳固边防。他派大将卫青、霍去病等发动了多次反击匈奴的战争，解除了来自匈奴的威胁；消灭了南越割据政权，统一了今天的两广地区，又在今云南、贵州等省设置郡县，加强了汉族和各少数民族之间的联系；两次派张骞出使西域，与大月氏、乌孙、安息等国联系，开通了内地与西域之间的交往。他的这一系列文治武功，使西汉王朝的发展达到鼎盛。

在汉武帝统治晚期，由于连年征战、徭役加重，他又大兴土木、耗费巨大。为了增加收入，他重用酷吏，增加捐税，使大批农民破产流亡。天汉二年（公元前99年），齐、楚、燕、赵等地爆发了农民起义。面对严重的社会危机,他下“罪己诏”，对造成的过失表达了追悔。

我们呈现给大家的刘彻是立体的，是生动的，而不是一幅扁平失真的画，不是一句假大空的评价。书中曾不止一次描写过刘彻处在朝堂之上的心境，一次是仰望，一次是俯视，一次是霸气，而这一次，刘彻是害怕。我们想告诉读者一个简单而重要的事实：刘彻是一个人，一个无比真实的人，他从来没有掩盖自己的心思，也从来没有掩藏自己的恐惧。

他是一位明君，深知自己的历史责任，但又杀伐任性；他既立下盖世之功，又给天下百姓带来巨大的灾难；他宠爱自己喜欢的女人，但又可以为了江山杀掉宠幸的女人；他绝顶聪明，又会一时犯糊涂，为了传说中的宝马居然不惜牺牲数万人的生命。当走近他时，我们会发现，在这些对立的角色中，他不是简单地非此即彼。两难之地，非常之时，他也会犹豫不定，甚至异常痛苦，同样有普通人的欢喜和哀愁、小气和算计、失眠和焦虑。

本书将尽力为读者呈现一个历史上真实的刘彻，让你亲历那一幕幕生动、鲜活的场景，慢慢品味这位雄才大略的帝王的风采吧！

# 目　录

# 【第一章】亮相

> 赌徒
> 刘彻的出生
> 几个女人的角逐

公元前 157 年，刘恒寿终正寝，皇太子刘启即位，即我们今天所说的汉景帝。在景帝登基那一年，他的第十个儿子出生了，取名为“彘”。在大事频发的当时，这个小婴儿的呱呱坠地并没有给这个新旧交接的时期带来任何震动。

刘彘的出生极其平静，平静到没有任何人会想入非非，按照封建帝制“立嫡立长”的规定，就是把十个指头都数遍了才能轮到这个十皇子，这就好比世界杯夺冠，你连十六强都没有进，就趁早别惦记大力神杯了。

可就是这么一个连资格赛都没有晋级的“彘儿”，却将最终捧起至高权利的金杯。

“命里有时终须有，命里无时莫强求。”这又给很多信命的人提供了一个大大的佐证，命运之神在刘彘的命运里拿刻刀狠狠刻上了一笔。然而，假如单纯信命的话，又小看了人的力量，一个在暗中丰满自己的羽毛、积蓄了力量的人被我们从历史的角落里拽出来了，如果你了解到这其中的来龙去脉，就不会再崇拜命运之神了，你会发现原来命运之神也只是个江湖骗子，想要成功，就必须步步为营，就必须处心积虑。这个暗藏在历史后台中的人就是汉武帝的母亲王娡，而给王娡暗中上妆的就是王娡的母亲臧儿。

## 赌徒

关于这个臧儿是什么来头，说起来就有点远了，当年项羽不是分封了十八路诸侯吗？其中有一个燕王臧荼，这个臧荼正是臧儿的爷爷。

后来，臧荼投降了汉朝，可是投降后的日子过得似乎不自在，到了汉五年的时候，燕王臧荼又起兵造反，结果被刘邦一举拿下，这个没有搞清楚立场的家族随即便消亡了，但是零星的火种还是被保留下来了，作为王娡母亲的臧儿侥幸活了下来，因为她不能死，她有着更重要的任务没有完成，历史的戏份还需要她。

我们无从知道，这个庞大而冒险的计划是不是便从这个时候就开始编织了，假使是这样，我们便远远低估了人的力量，更低估了女人的力量。

臧儿虽然活下来了，但是“大难不死，必有后福”这句话并没有在她身上很快就应验，生活迎接她的是无尽的艰辛。首先，臧儿的婚姻经历是非常坎坷的，她结过两次婚，第一任丈夫姓王，叫王仲。臧儿和他育有一男两女三个孩子，男孩叫王信，女孩叫王娡和王兒。按理说，多子多福，况且这些孩子里还有一个是男孩，臧儿的好日子应该要来了，可是好景不长，没过多久丈夫王仲就病死了。

臧儿顿时又失去了靠山，而这次她的身家重量不只是她自己，还有哇哇啼哭的三个孩子。幸运的是她并没有沉浸在悲痛中，更没有沉浸在一般封建妇女的守节道德中，而是毅然决然地选择了改嫁。

既然说到改嫁，我们就不得不说一下汉代关于婚姻制度的大环境。其实，数千年来，中国文化的特征并不是始终凝定不变的。每一个历史时期都有它颇具个性的文化形态和时代风格。说到女子地位的问题，我们就不能不说如今早已家喻户晓的吕后专政的故事。

吕后这个人虽然狠毒，但光说智商的话还是很高的。当年刘邦打下大汉王朝的时候，吕后就曾经协助刘邦铲除异姓诸侯王。她下令处死韩信，努力帮助刘邦夷灭彭越宗族。等到汉惠帝死后，吕后更是临朝称制长达八年，在这期间，她擅权用事。汉朝所谓的“母党专政”，“权在外家”的情形多得简直数不过来，恰恰是这些独断的行为从侧面大大提升了当时女子的社会地位。于是，就出现了女子在汉朝地位比较尊贵的特殊文化现象。

在汉朝，有名的女子不但可以封侯，还可以拥有爵位和封邑。比如汉高祖刘邦就曾经封他兄伯的妻子为阴安侯。在吕后当政的时候，也曾经封萧何的夫人为酂侯，樊哙的妻子吕媭为临光侯。基于以上原因，汉代关于婚姻制度大体上还是比较宽松的，女子丈夫死后，或者和丈夫离婚后，都可以选择再嫁。汉景帝的祖母薄太后，本来是魏王魏豹的女人，后来被刘邦偶然看中，便收入了自己的后宫。

史书记载的社会上层妇女比较著名的实例，还有平阳公主初嫁曹时，再嫁卫青；敬武公主起初嫁给张临，又成了薛宣的妻子；王媪先嫁王更得，又嫁王乃始；许孅初嫁龙頟思侯，再嫁淳于长；汉元帝冯昭仪母先与冯昭仪父结合，后来又嫁了郑翁；汉桓帝邓后母初嫁邓香，又嫁给梁纪等。汉朝二手女人翻身的事情是非常多的，否则的话，臧儿再怎么是时代新女性也是无法逃脱世俗枷锁的。就这样，臧儿背负着恢复臧氏家族的使命又上路了，而此时，她已沦为一个不折不扣的“赌徒”。

臧儿用两个年轻貌美的女儿做诱饵，从容地等在窗边钓金龟婿。

但你可别以为谁家生了个好看的女儿都能抄起家伙钓鱼玩儿，非也，诱饵也是需要素质的，倘若遇上一个不为权贵折腰的时代新诱饵，那么这个诱饵就得先和钓鱼的人斗争，这斗争一了结，金龟婿恐怕也都吃饱了。

所以说，臧儿的这两个女儿也是非常不简单的，她们年纪轻轻就能明白母亲的良苦用心，所以大女儿王娡当真嫁了一个有钱有势的金龟婿——金王孙。

任何想法在上升到无法撼动的决心的时候，都是需要煽风点火的。

此时的臧儿已经是志得意满了，偏偏又窜出一个算命先生，仿佛泄露天机般地对她说，两女当贵，你的两个女儿将来可都是大富大贵的命哟。

算过卦的人也都知道，这吉利话也就听一乐呵，本不必当真的，可这个臧儿就窝在墙角里开始思谋了，两女当贵！经过实地勘量，臧儿认为金王孙家的林子还是太小，顶多只算一个“富”，离“大富大贵”还远着呢。

于是，她又开始准备装备了，并做出了一个更加大胆的决定，这个决定即使到了现在也不得不让我们捏一把冷汗。

对不起，金王孙，我们家女儿嫁错了，你这块金子含金量不够，离婚吧。

这时候，王娡已经和金王孙有了一个女儿，我们可以推算一下，从王娡嫁到金王孙家，再到结婚生子，少说也需要一年半的时间。

而且我们不能忘了，王娡是一个女人，作为一个女人在有了儿女之后，她们的母性思想就会被最大限度地激发，而现在这种做法无疑是撕肉啊，就是活生生地把自己和亲生骨肉撕开，并且永远不能相认，而且她很清楚自己的母亲怀有怎样可怕与自私的动机，所以不管是情理和道理都是不允许她这么做的。

即使是现在，这种做法也够拿到网站头条炒十天半月了，但是王娡却和当初嫁人一样，非常配合母亲，这件天大的荒唐事就这样被母女二人办成了。

很快，王娡就恢复了自由身，被母亲打包成黄花大闺女一并和妹妹送入了太子宫中。直到此时我们又一次意识到臧儿的可怕，原来你心目中“大富大贵”就是贵为国母，就是无法上封的富贵啊。

这位意志上的强悍猛女，不知是买通了安检人员还是使了什么招数，竟然就这么让自己的女儿蒙混过关。一个二手女人，被狠狠地贴上了黄花大闺女的标签，最后还被选中为妃，简直是创造了一个奇迹。

这时候，假如你是一位风险投资商，或许宁愿把钱存在银行吃利息，也不会把钱投在王娡身上的，对于这一点，我们可以计算。

首先，王娡义无反顾地抛夫弃女，假如失败或者良心发现想回到金王孙家的可能为零。再次，王娡当时只是能确定被选送到太子宫，究竟合不合太子的胃口还得另当别论，可以这么说，即使是倾国倾城，王娡被选上的几率也不是百分之百。

最后，即使王娡被太子选中贵为妃子，难道就不怕“人言可畏”的杀伤力吗？万一你被人举报已经有一段婚史，到头来岂不是连命都难保。

但历史对我们不断地发着牢骚，假使你有野心，假使你马步扎得稳，无名小辈照样能练成绝世武功。

在这段奇事中，扮黑脸的一直是臧儿，作为诱饵和棋子的王娡似乎是安静的，似乎是任人摆布的，但是我们却只看到了王娡母亲臧儿的强悍而忽略了王娡的心计。殊不知，这位美丽温婉的丽人背后潜藏的心计与力量是无法估计的。

蜘蛛不会飞翔，但是它能够把网结在空中，它是沉默、敏感、坚韧、勤奋的一种昆虫，正是因为这样，它创造了大自然中许多瑰丽的奇迹，它的网织得精巧和细密，四面八方的延伸和盘结，仿佛得到神助。这样的成绩，不禁让我想起一种人，她们沉默寡言，深藏不露。

就这样，王娡就以一种和命运掰腕子的形式踏上了征程，究竟能不能胜出，就要看王美人日后的道行了。

## 刘彻的出生

皇宫的女人生孩子，之于彼此，一定不仅仅是一种生理上的较量，而更是一种心理上的博弈，因为生男生女的差别实在是太大了。

给刘启生了第一个男孩的妃子是当时极受恩宠的栗妃，但这个第一并没有给栗妃带来任何实质的地位和荣耀，她只是守着这个第一做了几年的梦而已，而把这个梦击碎的人不是别人，正是她自己，这些都是后话。

王娡很快怀了孕。但似乎肚子里的这个宝贝是男是女已经不重要了，因为这个不知性别的小家伙头上已经有九个哥哥了。也就是说，这个小家伙已经输在了起跑线上。

一些划时代的人的出生，常常是伴着一些神秘天象的，这些都免不了俗，当时刘彻的出生虽然没有什么神秘的天象，但是他妈做梦了，实的不行，咱就来虚的。怀孕期间，王娡告诉太子，自己做了一个梦，日入其怀。就是她梦见一个太阳，忽然落到自己的肚子里边了。

这个梦的真实程度当然是无从考证了，但此梦的技术含量却是非常高的，和世界上很多民族一样，我们的祖先历来对太阳是非常崇拜的。

太阳似乎一直就是帝王的御用喻体。所以，日入其怀当然是一个祥兆，假使王娡日后真的生了儿子，那么现在这个梦就是一种炒作，就是一种造势，山水轮流转，说不定皇帝宝座轮了一圈还真能轮到我这个十儿子头上。

这个梦还有一处高明的地方，王娡当时用太阳崇拜所体现权力观的强辐射直接影响了刘启的政治心理，虽然这个孩子只是刘启的十儿子，但是，这个儿子不简单啊，事实证明，也正是因为这个“梦日入怀”的预言重量给刘启的一个决定重重地划下了叹号。

长安绮兰殿内灯火通明，宫女络绎不绝，随着一声响亮的啼哭，刘彘出生了。他就是后来的刘彻。

这个孩子的出生，真正高兴的也许只有王娡，这是一种为人母的本能，除此之外，迎接这个孩子更多的应该是众太子妃们的不屑，因为作为刘启的十儿子而言，他已经落后他大哥九个身位了。而正是这种九个身位的隐藏性，让刘彘躲避开了争夺储君的热拼冷战，也给她的母亲——王美人换来一袭清净之地，这席清净之地也正是王娡规划未来蓝图的书房和后院。

## 名字问题

《汉武内传》还记载了这样的传说：刘彘尚未出生的时候，刘启梦见赤彘从云中直下降入宫中，又有赤龙遮蔽殿阁门窗，又曾梦见神女捧日授王夫人。据《汉武故事》，汉高祖刘邦托梦刘启，指示这位新生婴儿应当命名为“彘”。汉初吕后残害了戚夫人之后，唤她为“人彘”。彘，即猪的意思。刘彘，再怎么说也是个皇子，为什么刘启要给儿子起这样的名字呢?

其实，古代很多大人物，都起了一个“丑名字”。尤其是到了西汉的时候，从至尊至贵的皇族，到蓬门荜户的百姓，大人在给孩子取名字的时候，都特别喜欢那些市井的糙词，一些有头有脸的人叫个阿猫阿狗也不足为怪。当然，这种叫法的确很不文雅，可是，风俗难易，民间笃信赖玩意儿，好养活。这也谓是“名上吃亏，命上沾光”。下边举几个比较著名的例子来帮助各位读者理解。

位高权重的大汉国母——吕后，和“小亭长”兼“小流氓”出身的刘邦是一对贫贱夫妻，娘家人给了她一个非常怪异的名字——“雉”。雉,说好听点那是一种羽毛美丽的鸟,说难听点这玩意儿就是俗称的“野鸡”。这可是真正的野鸡变凤凰了。刘邦一死，吕后这就开始找名字的茬了,就连天下的鸡都不放过。为了让全天下避国母的讳,不得使用雉,用鸡取而代之。天下的雉，包括家雉野雉平白无故都被改了名。

再有就是馆陶公主，也就是刘彘的姑姑，不也叫什么刘嫖嘛，虽然嫖的意思是取了轻便敏捷之义，但难免让人看了不舒服。

彘有龙象，大概这就是刘彘这个丑名字中的最大隐喻吧。这个不怎么好听的丑名字给刘彘的命运下了一道挑战书。

是的！名字虽丑，却道出了天机。

## 几个女人的角逐

宫廷角逐，就是各方利益的一种相互平衡和制约，它的斗争不会像摔跤、拔河那样泾渭分明。摔跤、拔河的对手就在眼前，且只有一方，你只要看准对方弱点使劲便可。宫廷角逐要复杂得多，它涉及的对手就像虬枝一样弯曲缠绕，兴许在某个不起眼的角落就藏着一股暗中的力量，一旦发力，死你都不知道是怎么死的。

刘彘那时候还小，不管是生理还是心理都不允许历史把这么大的一个野心强加在他身上，所以那个时候的刘彘只对泥巴、弹弓这些花样感兴趣，他过着一个无忧无虑的童年。

这个时候年轻的皇子们年岁还小，不谙世事，倒是皇宫中的女人们浓妆艳抹、悉数登场。

### 薄皇后

第一个登场的女人是薄皇后，这个排位既是取了她的后位之尊，也是感叹这个不声不响的女人给了刘彘角逐皇位的第一张入场券。

小薄氏虽然贵为皇后，但却不为景帝所宠爱。她从当太子妃到当皇后，始终都没有孩子。汉景帝共有十四个儿子，分别出自六个妃嫔，也算得上是高产皇帝，唯独这个牌正名端的皇后没有儿子。一个正牌的皇后，却没有皇子，对于她的历史戏份来说，这是一个致命的硬伤，这做皇后的，自然也少了几分底气。

想必每当后宫女人开始“三姑六婆”地说自己孩子的时候，这薄皇后定是掩面神伤，暗泣不已。但是这无子之过真的就只是怪罪于薄皇后吗？

下面我们来做一个医学分析。

夫：刘启　妻：薄氏

症状：结婚数年，不孕不育。

分析：刘启没有生育能力，这种情况是首先被排除的，他已经有十四个儿子了。

那么，是薄皇后没有生育能力吗？不排除这种可能，但是巧妇难为无米之炊，还有一种可能就是景帝从来没有宠幸于她。于是一个医学问题又变成一个情感问题。

在此为了不产生混淆，薄皇后下称小薄，薄太后下称老薄。

这个小薄是什么来头，在汉景帝刘启还是太子的时候，他未来的皇后就被选好了，她就是我们现在所说的薄氏，这个薄氏凭什么动手这么早？这就要仰仗于汉景帝的祖母，她也姓薄，就是薄太后——老薄。这个薄太后生于秦朝，原本是吴人，母亲是魏国王族，常年跟随魏王，后来，老薄也就成了魏王豹的妃子。后来，魏王豹兵败刘邦，被刘邦所杀。待刘邦打败项羽，统一天下之后，老薄被送到汉宫里的纺织房当织女。

这一织，就是很长时间的默默无闻，别说得到刘邦的宠幸了，就连刘邦的面都没见过几回。这样的境遇，不禁得到一些有幸沾得露水的女人的嘲讽。一天，这样的嘲讽传到了刘邦耳朵里，刘邦听后顿生怜悯之心，于是连夜召见老薄。

就是这一夜情，老薄竟然就怀上了刘邦的骨肉，这薄氏的命还真不薄，竟然给刘邦生出了一个四儿子。

一个叛臣之妻得到这番待遇，老薄确实心满意足了，她一直崇尚道学，崇尚无为自静、顺其自然的思想，正是这种宁静淡薄让她躲过了吕氏后来的疯狂扫荡。在吕后“孜孜不倦”地“除苗”作业之后，这娘儿俩确实也没惦记过皇位。母子二人逃离了长安这片是非之地，躲到儿子的封国——代国（今山西）过活去了。

吕后专政十五年后死去，吕氏家族权力被汉高祖的旧臣们推翻。国不可一日无君，一帮老臣经过日夜权衡之后拿定了主意，派人到代国迎接刘恒进京为帝。就这样，一个与世无争的女人和他儿子幸运地跳上了命运的前台。

评判历史人物，尤其是其中的女人，我们一定要掌握好时代的大基调和大背景，因为人是环境的动物，女人对环境的变迁尤为敏感。

儿子当了皇帝，自己突然变成了皇太后，如今的老薄可不是当年那个在纺车面前啼哭的薄氏，也不是那个只让皇帝垂青一次的冷遇嫔妃了，她现在是光照四方、尊贵无尚的皇太后——天下是皇帝的，皇帝是我的。

境遇变迁，心情也变迁，什么道学，什么无为自静，见鬼去吧，我要的是子孙万代永享富贵，事不宜迟，赶快下手。

老薄的小孙子，也就是当时的太子刘启，成了老薄的下手对象，这日后的皇帝，我一定要攀上这个亲，可怜景帝小小年纪就已经没有日后给自己选大媳妇的权利了。

这个大媳妇就是前面所说的薄皇后，这样选出来的皇后，景帝能喜欢吗？景帝不喜欢能宠幸她吗？即使是偶尔去皇后宫中，我看也只是唠唠家常，喝几杯酒水，完事，走人。

这就应了那句话，出来混，迟早要还的。恐怕是这个老薄把薄家的好运全都用完了，而致使后来的小薄与其命运天壤之别，这往往就是命运的戏剧性，也正是命运的残酷之处。

正是因为皇后无子，所以太子这个位置的猜测才繁衍出了十四种可能。不，是十五种，这个日后再说。

## 长公主

长公主的地位在宫中是人所共知的。

作为一个集万千宠爱于一身的皇宫人物，刘嫖有一个非常响亮的荣誉称号——馆陶长公主。

在我看来，另一个称呼更适合她——窦太后的御用小棉袄。

这个长公主在窦太后的眼中可是不得了，这窦太后总共就生了三个孩子，小儿子是梁王刘武，按照当时汉朝的国家体制，幼子梁王刘武必须去封国居住，不得长留京城。大儿子是当朝皇帝刘启，自然天天忙于国事，无暇全心侍奉窦太后。扳着指头一数，这不就剩下她的宝姑娘刘嫖了吗？再加上窦太后早年便双目失明，身心已是孤独万分，这个长公主刘嫖便成了她身边唯一的贴心小棉袄。

正是这件贴心小棉袄成了皇宫中的一股强大力量。假如说文人志士用来影响朝政的武器是学识和手腕的话，那么刘嫖用来影响政治的便是亲情，说到亲情，其实是非常重要的一种力量方式，因为它来得名正言顺，来得潜移默化。要说此时的宫中，谁最活泛，谁最灵光，就是此时的长公主——刘嫖了。

谁忽视了这个女人的存在，那你就别玩政治了，后来栗妃的下场就证明了这一点。

母后娇惯，兄弟宠爱。也没有其他竞争游戏可玩，那么好吧，我就为我那宝贝闺女造福后世吧。

刘嫖最放不下的就是她那宝贝女儿——阿娇了，此阿娇非彼阿娇，就是后人惯用典故“金屋藏娇”中的阿娇。这个阿娇从小荣宠至极，被长公主视为掌上明珠，所以，女儿以后的婚嫁问题自然是刘嫖心中的一股担忧啊。

我刘嫖是谁？我的女儿又是谁？我要让她得到天下最好的，她的男人当然也只能是天下最好的男人了。瞬时，刘嫖剑指皇位——阿娇要当未来的皇后。

先下手为强，后下手遭殃。刘嫖很快就将准心对准了新太子刘荣。

我们前面已经说过，作为景帝正室的薄皇后膝下无子，这太子自然就被栗妃所生的大儿子刘荣抢了头彩。

说时迟，那时快，长公主刘嫖很快就找到一个“金牌”媒婆找太子母亲栗妃去撮合这门亲事。

我刘嫖想攀你太子是不假，但我这公主的女儿和你儿子也是门当户对，这门亲事在刘嫖心中是十拿九稳，找个媒婆也就是走个过场。

刘嫖在家中正盘算着这大婚的花费呢，这时媒婆一脸丧气地回来了，狠狠地嘟囔了一句，吹了。

什么？吹了！

太子刘荣的母亲拒绝了，拒绝得非常干脆，我儿子还小，选妃的事情应当从长计议。

这下刘嫖可是气得不轻，本来她认为这是给人家送一个将来的安稳，没想到人家抬手就给推了。

顿时女人的愤恨、长公主的颜面以及女儿的前途纷纷被刘嫖转化成一种可怕的决心，这种决心对于刘彻来说是力量，对于刘荣来说是尖刀。

栗妃，走着瞧！！！

## 结盟

一个女人的倒霉开始了，却也是另一个女人走运的开始，这个节骨眼对于王娡来说，真的是天赐良机，那么好吧，补补妆赶紧上台吧。

选择这个时机上场，王娡可真是挑对了时候。大家想想，长公主现在的心境是什么？我堂堂一个长公主被你栗妃拒绝，简直是奇耻大辱，这个时候，必定是长公主感慨世事的时候，王美人任何一个表示亲昵的举动都会让刘嫖心头热乎。

就这样，王美人很快就和长公主变成了姐妹淘。其实，走这一步，王美人也没用什么心机和谋略。“讨好小姑子”不正是我们中国人千年不变的古训吗？无论古今，想要在婆家找个好地方歇脚，这招是最重要的。要怪只能怪这栗妃实在太笨。

前面已经提到，薄后无子，于是景帝的长子刘荣顺利地被立为太子，这就出现了一个奇怪的现象，太子的母亲不是皇后，按理说，刘荣升任为太子，景帝废薄立栗不就行了吗？

但是这个汉景帝却迟迟没有动静，正是这种没有动静让长公主和王美人暗暗察觉——还有戏。不管怎样，王美人和长公主还没有死心，这时候她们彼此结为同盟是再划算不过的事情了。

于是历史上著名的“金屋藏娇”便上演了。

一天，王美人和长公主相遇，两个人唠着家常，两个孩子更是在一起玩得欢腾，说着，说着，姑姑便把刘彘抱在腿上，问他，彘儿，你以后会不会娶妻子啊？小刘彘点点头。姑姑指着周围百余宫女又问，彘儿以后要不要她们？小刘彘摇头。姑姑再问，那阿娇你要吗？小刘彘不假思索地说，假如阿娇姐姐嫁给我，我就给她造一座大大的金屋子让她住在里面。

于是，这句童言不仅开创了中国式爱情的千年佳话，也成全了两个女人的政治盟约。

这段对白看似蜻蜓点水，轻描淡写，其实凝结着很多功力，这两个穿着隐形衣的母亲，其实是在相互过招，各有所图。王美人想依靠长公主将自己的儿子扶上帝位，而长公主则想凭借小刘彘让子孙荣光万代。

这样一个盟约对于两个各有所图的女人来说，是成功的。但是对于这段所谓爱情却也是残酷的，因为这个故事只有一个童话般的开始，却没有一个童话般的结局（陈阿娇悲惨命运的伏笔）。

## 栗贵妃

前面饱受批评的栗妃终于出场了。

假如把皇宫比作是一个表面上其乐融融的大集体的话，那么粟氏就是里面一个走调的音符，她笨就笨在连装都不会。

假如说我们普通人有两张脸的话，那么皇宫里的娘娘妃子们可是有一套脸，什么场合用什么脸，这些都是必需的，遇上难对付的人，抄家伙找脸也是经常的事情，可是这栗妃似乎没有这套装备，天天对人大摆的也是一副受委屈的小媳妇脸。对人情世故的认知非常不到位。

下面，我们就来看看这个栗妃做的蠢事吧。

栗妃人长得是非常有姿色的，皇帝对她也是非常宠爱，更关键的是她还生了一个讨皇帝喜爱的儿子，按理说后面将要发生的事情，我们闭着眼睛都能猜到了。

就这样的一个人，想要当皇后还不是铁板钉钉的事情，但是老天爷就是喜欢开玩笑，最想升迁的人偏偏就是摔了，还摔了个体无完肤。

## 一张空头支票

这个时候从栗妃嘴里说出最多的话大概就是："妾日后定会重赏你。"这句话又是从何说起呢？

原来是因为当时刘荣已经被封为太子，栗妃觉得景帝废掉薄皇后立她为皇后是迟早的事情，所以，一遇到臣子百官说个话什么的，栗妃最后总不忘补一句"妾日后定会重赏你"。

看看这栗妃，也不是什么没有心机的人，她知道现在是她的得意之时，所以笼络人心，取悦朝臣的事情从现在就已经开始做功课了。

但是她忽略了一点，那就是景帝的犹豫，这犹豫之中便见端倪。

景帝为什么犹豫呢？我前述已经说过好多回，栗妃当皇后是再正常不过的事情了，可就是在这再正常不过的事情上，景帝却犯了嘀咕，可以说，这根本就是个危险信号。

但是栗妃却完全无视这个危险信号，还到处给人开这个空头支票——妾日后定会重赏你，这不就是说，我当皇后那是必须的，你们跟着我，有肉吃。

一、只肯沾光，不肯吃亏。

世界上往往存在着这么一种女人，就是只肯沾便宜，不肯吃一点亏，总是觉得别人欠她的，不识大体，不重大局。

按说，在这种情势和这种地位中的女人，是会自动机警起来的，因为此时的地位和情况会给一个女人无限的想象，会让一个女人的欲望有无限延伸的可能，因为你的儿子有可能坐拥大汉江山，这种至高的权利便是欲望的尽头，便是一个女人极尽的追求。但是栗妃的小任性与小狡诈却断送了她的大好前景，好好的一个公司就这样被她经营得破产倒闭了。

栗妃就是这样的一个笨女人，她想的只是自己的小心情，照顾的只是自己的小感情，天真的以为自己会和皇帝产生小爱情，而这些只不过注定了她做的只能是小事情，在宫中获得的也只能是小地位。

话说景帝平叛诸侯叛乱那年，一天，窦太后宴请众妃子。

饭桌上，老太太先是唠唠家常，接着就要和这些妃子们玩游戏，这些妃子如果输了，就自动把身上值钱的东西拿出来。

一个瞎老太婆，为什么玩这么无聊的游戏，我们分析一下当时的情况。

当时正处于景帝时期的“七王之乱”，以吴王刘濞为首的几个藩王正在策反朝廷，大敌当前，前线正是需要钱粮的时候，景帝自然不好意思和自家的女人们哭穷要钱，这个时候，还是这个当妈的理解儿子的心事，于是便想出这么一个主意让后宫的女人为前线募集点钱。

大凡有点眼力见的人都能看出窦太后的良苦用心，所以很多妃子输就输了，都是很干脆地把自己值钱的东西交了出来。

这王美人更是积极，还没有玩游戏就自动认输，把自己身上能拿出来的东西全都拿出来了，窦太后表面上不动声色，暗地里却给王美人重重地加了几分。

很多人把捐款当作是善行，没有理解成责任和义务，他们不知道在特殊情况下，在非常时刻，为国家做贡献是一种责任而不仅仅是善行，在这里，栗妃因为理解偏差又要被扣分了。既然是善行，那当然是可为可不为，我不是什么善良的人，我才不要损失什么银两，打仗关我什么事情啊。

于是这栗妃游戏玩得最认真，输得也是最不情愿，游戏本来就不公平，凭什么让我无故损失钱财啊，我不乐意，我不乐意，这小姿态摆的，连窦太后这个瞎老太婆都能感觉到，你说，太后能喜欢她吗？而如今说话最算数的不就是这个窦太后吗？你连最主事的人都得罪了，还能翻得了身吗？

二、没有金刚钻，就别揽瓷器活。

当皇帝，这是一件多么精密的瓷器活，而这就在手边的金刚钻却被栗妃给扔了。

当朝最受宠爱的长公主兼小姑子兼太后御用小棉袄向你栗妃提亲都被你给拒绝了，你还有什么事情不敢干啊。

栗妃为什么拒绝长公主的提亲，原因不过是因为嫉恨。

长公主刘嫖当时为了讨她这个皇帝哥哥的欢心，经常从各地选来各式的美女敬献给皇帝，这样，栗妃的得宠时间自然就少了，心里对长公主的怨气也就越来越重。试问，作为一个女人，嫉妒之心谁都难免有，可是你得摆正自己的位置啊，你是谁的老婆，你是皇帝的老婆啊，当了皇帝的老婆就收起你那些小秉性、小脾气吧。

宫廷斗争瞬息万变，栗妃就这样拒绝了对她最好的保护伞。

长公主对景帝说，栗妃经常让她的仆人和侍卫在背后诅咒和唾骂自己。这些话在景帝耳朵边说久了，假话也就成了真话，于是，景帝对栗妃的恩宠便开始一落千丈。

得罪了长公主，正是栗妃灾难的开始。

## 窦太后

这是在汉朝历史中不得不提的一个人物，因为她是当时景帝时期乃至武帝初期最有发言权的一个人。

窦氏出身贫寒，她的父亲为了逃避秦乱，隐居山林，后来却不幸堕河而死，留下三个孤儿。

汉朝初期的时候，朝廷召募宫女，窦氏年幼应召入宫，公元前 195 年，高祖刘邦驾崩，皇后吕雉以皇太后的身份操纵国政。

当时，窦氏长得非常漂亮，但是却从未得到高祖临幸。一次，吕后挑选一些宫女出宫赏赐给诸侯王，每个王五名，窦氏也在选中之列。

窦氏因为家乡离赵国近，思乡心切，希望能到赵国去。于是，她找机会托关系、送礼，希望派遣官能通融一下。话虽说到了，但是这个宦官在分派宫女的时候竟然把这件事给忘了，把她的名字误放到去代国的花名册里了，就这样她去了代国。

没想到这一差错，竟然生出个皇后来。虽然这不是窦氏的心愿，但到了代国，代王刘恒却非常喜欢她，先与她生了个女儿刘嫖，后又生了两个儿子，刘启和刘武。

前面已经说过，代国国王刘恒躲过了高后疯狂的七年屠杀，出乎意料地被推举为皇帝。

就这样窦氏也就迷迷糊糊地成了皇妃，虽然她当时不是刘恒的正室，但是当时的正室在刘恒被立为皇帝之前就过世了，刘恒称帝之后，正室所生的几个孩子也都相继死了。

世间万物有的时候就是这么爱开玩笑，一个原本没有任何企图的女人就这样成了皇后。

窦氏的地位步步高升，到了景帝时期，她就成了窦太后，说出去的话，那也是扔一块石头，砸一个坑——相当有分量。

所以说，窦太后到底站在哪支队伍中，对于这些垂涎王位的人来说，是非常重要的。

写到这里，大家不难看出，汉朝进行到这里，“太后现象”是非常严重的。吕后、高后、薄后，以至于今天的窦后，为什么她们可以肆意地干预朝政呢？

如果考察一下汉代的母子关系，就会发现“太后现象”是非常正常的，并且景帝比起他的老子来，还是差了好多呢（此处提一下文帝孝顺其母亲的例子，主要写一下汉代的孝道）。

翻翻史书，我们就可以知道，汉朝是最讲究孝道的朝代之一，尤其“文景之治”的时候，这两个帝王都极力推崇“以孝治天下”。

文帝时期更是规定：80岁以上老人每月供给一定量的米、肉和酒（凡孝于亲者人帛五匹）。

汉文帝刘恒自己便是一个仁孝之君，人们常说“久病床前无孝子”，但是文帝却能三年如一日地侍奉卧病在床的母亲，常常“目不交睫，衣不解带”。早上起床后第一件事，必定先去跟母亲问安。晚上临睡前也会再请安一次。文帝对母亲说的话，也是从不敢违背。

汉王朝是第一个公开标榜“以孝治天下”的封建王朝，并且全方位地巩固这种思潮——运用政治、文化、教育、法律等手段，强化了以孝为核心的封建伦常的地位。

从此以后，孝不仅成为支撑中国古代政治的伦理精神支柱，而且也让外戚成为搅动中国古代政治的一股强大力量。同时，也使孝的观念深深地植根于中国人的内心世界，积淀成一种深沉的民族心理，对人们的生活和社会的各个方面都产生了重大影响。

这么说来，景帝听妈妈的话，是再自然不过了。

所以，窦太后在皇位继承人的问题上到底会投谁一票，成了大局走势的关键。

# 【第二章】艰难的入场券

> 后宫的季节

> 最后的过招

> 花有重开日，人无

前述已经说过，谁是未来储君的重要一票，实际掌握在窦太后手中，那么景帝的这十四个儿子谁才让老太太中意呢？

答案都不是。

窦太后年纪虽然大了，可想象力一点也没有衰退。

她的理想继承人不是别人的儿子，而是自己儿子——当今的梁王刘武。

读者在这里会不会和我同样吃惊一下，这老太太野心不小啊，就是这种野心不得不把我们引入一个非典型性的思考轨道。

我们以为，关于皇位的争夺也就是那十四个毛孩子的事情，哪知道事态又发展到第十五种可能（此处解开前面埋的两处伏笔），半路又杀出个梁王，看来储君之争的大戏是越来越好看了。

谁都不应该吝惜自己对天命的想象力。梁王刘武的确如此，老太后窦氏也的确如此。

老太太为什么力挺梁王为储君呢?

这个梁王是窦太后最小的一个儿子，“母疼幺子”这也是我们普通人都能接受的情理之中的事情。

但是，这种宠爱在梁王身上似乎过头了。看看刘武的排场，不管是吃的、用的，档次一点也不比皇帝差。当时梁国虽然只是一个边城小国，可是国民的富庶程度一点也不比长安差，而这些跟窦太后的赏赐和偏爱是分不开的。

偏爱归偏爱，可是让小儿子继承皇位的这种奇怪想法究竟是怎么从老太太头脑中萌生出来的呢？

那就要说到在景帝立太子前，窦太后主持的一场迎接梁王的家宴了。既然是家宴，来的人自然都是皇亲国戚。

好久没见到梁王这个小儿子了，太后更是喜不自禁。觥筹交错，开怀畅饮之后，老太太开始发小酒疯了。

我这么一个瞎老婆子，活这么大无非就是希望儿孙在身边，眼下大儿子做了皇帝，整天东忙西忙，说话见面的次数都很少。有个小儿子吧，还远在梁国，想要来看看我还得十天半个月，你们说说，我这老都老了，还有什么盼头啊。接着就掉了几滴小泪。

在我们看来，眼下这出也许只是这位年岁已高的老人的真实心声，也许只是剧情的需要。

景帝可是个孝顺儿子啊，看见老妈妈如此伤心，于是便说，想让刘武常年留在母亲身边也不是不可，等我千秋之后，让弟弟来做这皇帝（千秋之后，传位梁王）。

说者无心，听者有意。老太太听后脸色立马放晴，说着就要让两兄弟举杯盟誓。

母子三人演这出家戏还有没有意思？想要办这荒唐事，还要问问老祖宗。

在一旁的窦太后的侄子窦婴发话了。

醉话，都是醉话，皇上刚才是多喝了几杯，父子相传是汉朝的祖制，皇上怎么把这茬给忘了呢？

一语点醒梦中人，景帝这才回过神来，是啊，我怎么能说这糊涂话呢？醉话，都是醉话。

这一出戏，想想就是非常好笑的，我们分析一下，当时的太子还没有立，在座的来宾也都是皇亲国戚，谁当太子，谁是储君当然是大家最关心的一件事情了。

这下倒好，母子三人在上面演群口相声，底下人的心却跟着这三个人的嘴皮子动。

窦婴这一解围，最感谢他的当是皇长子刘荣的母亲——栗妃了。

结果，窦婴同志这下麻烦了，得罪了窦太后，迟早吃不了兜着走，惩罚很快就来了，窦太后极为恼火，不但取消了他的门籍，而且他以后休想再出入皇宫。

无奈之下，窦婴只好卷铺盖回家，与其在宫中丢脸，不如回家自己猫着。

但是这位窦婴同志却并没有这么早退场，虽然得罪了太后，可是皇帝却记了他一功。

多事之秋啊，家宴之后，让景帝和朝臣震惊不已的“七王之乱”爆发了。

## 后宫的季节

俗话说，高处不胜寒，一座摩天大厦，如果被戴上了“第一高”的帽子，一般情况下很难再荣辱不惊，因为越来越多的人会垂涎“第一”这顶帽子，越来越多的人会想着取而代之，于是越来越多的砖块就会行动起来，他们要有更多的砖块，他们要盖更高的楼——这就是此时太子刘荣的境地。

刘彻的幸运之处就是此时的他正躲在刘荣的光芒和高度背后，当皇宫中各式各样的角色在想办法或巴结、或对付、或算计刘荣的时候，刘彻却在暗中飞快地成长，这虽然说不是一种主动成长，而是母亲王娡生拉硬扯的一种被动成长，但不管怎么样，刘彻还是在飞快地强大着。

一个人走到前方并不是只看着前方，而是仅仅因为在往前走，大步流星地往前走。但往前走的同时，却需要天时，需要地利，也需要人和。

当然，刘彻的前进是一系列原因共同促成的。

想要让老十刘彻当上太子，首先要倒掉的就是现任太子刘荣。

刘荣一个毛孩子，虽然身为太子，但其实也没什么心机和可怕之处，想要让刘荣这座摩天大楼轰然倒塌，首先要对付的就是他妈——栗妃。

栗妃是个什么样的女人，相信大家也都知道一二了，而接下来，这位栗妃还是以自己的“智慧”，以另一种方式不遗余力地“帮助别人的儿子倒掉自己的儿子”。

景帝执政以来，大大小小的气受了不少，家里受他老母亲的气，外面受着匈奴的气，这健康状况也真是一天不如一天了。

既然来日无多，那么景帝也真的开始紧张这以后的事情了，于是，他把一直跟他闹别扭的栗妃叫到身边来。好言好语哄了几句，就开始向栗妃嘱托后事了。“属诸子为王者于栗姬曰，百岁后善视之”。景帝在病重之时，将他的十四个已经封位的儿子全部交付给栗妃，要她好好照顾他们。

看到这里，大家是不是都看明白了，哎呀，这景帝原来是攒着自己心里对栗妃的喜欢呢，这表面上看是托孤，其实还不是交权，这十四个儿子也有不少妈，景帝为什么不托给别人，偏偏托付给她呢？

说明景帝心中还是有栗妃的，把她立为皇后也就是稍后的事情，而且当时的景帝是绝对没有废掉太子刘荣的意思。

我们看一下当时的情况，这个时候，薄皇后已经被废除了，皇后这个位置就被繁衍出N种可能，但是可能性最大的还是栗妃，这个托孤的行为也证明了这一点。景帝用一种行为艺术表达着他对这母子俩的疼爱，“朕何尝不挂念你们母子？可是皇宫的事情要有耐心啊。现在我这个将死之人把一切托付给你，你要善为啊。”

有的故事为什么好看，就是因为它不按常理发展。栗妃是不是应该领旨谢恩啊。

但是栗妃听后，大怒。

这怒又是从何而来?

你以为我栗妃是你们刘家的老妈子，你活蹦乱跳那阵子怎么没想起我来啊，现在死都要死了，哦，想起我来了！要我照顾你那帮儿子，想都别想，没门，没窗户，没防盗门！

景帝先是愣了，这以后进宫的女人看来是必须经过智力测试啊。

景帝自然大怒,对于栗妃这种神经病式的拒绝,景帝大喊一声“滚！”

栗妃这一滚便再也没有爬起来过。

而景帝的病似乎也被栗妃一气又气精神了。

一个人的成功是踩着另一个人的肩头蹦上去的，以前，栗妃的高度太高，王美人攀不上，现在你倒地了，我自然不能放过你这块垫脚石。

经过王美人和长公主的精心策划，一个人被她们选中来做引爆栗妃的最后一根导火线，这个人就是栗贲，栗贲在朝中的职位是大行令，也就是主管皇帝起居和交际礼仪的官员。这只是他被选中的一个可以忽略不计的原因，更重要的一个原因是他也姓栗，他是栗妃的兄弟。

长公主对栗贲说，朝廷已经多时有君无后了，说起来也是不成体统，你既是掌管礼仪的官员，这让皇帝册封皇后的事情就是你分内的事情，还有一个重要的原因就是，栗妃是你们栗家的，倘若你们栗家能出一个当朝皇后，这可真的是光宗耀祖了。

此话不假啊，母以子贵，亲以权贵，这栗家要真出个皇后的话，这往后的日子就好过了啊。

历史又不止一次告诉我们，斗争从来都不是单枪匹马的，有的时候，你身边有什么样的人，就会决定你走什么样的路。

栗妃有一个不识大体的倒霉兄弟，这又是她比不上王美人的一点，王美人也有兄弟，但是后来事实证明，王美人兄弟的智商远远在栗贲之上。

朝堂之上，栗贲心里怀着自己的小九九，满心欢喜地向景帝进奏，国已多时有君无后，母以子贵，立栗妃为后是顺应时势啊。臣恳请皇上立栗妃为皇后。

这几句话一出口，周围更是死一般的宁静，大臣们个个也都大气不敢喘一下，当今的时势谁不清楚啊，皇帝放着一个该立为皇后的妃子三年都没什么动静，谁还敢有什么动静啊。

好你个栗贲二百五，这么三下五除二就把这层窗户纸捅破了。

窗户纸捅破了，导火线也出火星儿了。

景帝大怒，拍案而起，立刻废掉了太子刘荣，就连在朝中的栗姓亲属也一并得到处罚。

这个栗贲啊，真是够笨的，死都不知道怎么死的。

那么我来解释一下他是怎么死的。

你栗贲只是一个小小的大行令，虽然是管宫中交际礼仪的官员，但是你对我刘启的家事犯什么心思啊？丞相都没说话，你凭什么说话？你既然有这天大的胆子,一定是有人在幕后主使。那么这个人到底是谁？不用什么分析和证据，你栗贲名字这两个大字就是最好的分析和证据，这个人一定就是直接的受益者——栗妃。

一定是栗妃，你看我是老也死不了，等了三年等得不耐烦了是吧，竟然要一个大行令写这么一个混账奏折要我立你为后，没门，没窗户，没防盗门。景帝照单全收地还给了栗妃。

这么一来，景帝把新仇旧恨一股脑都记在了栗妃账上，这旧恨是没错的，一雪前面栗妃对景帝大不敬之仇。可是这新仇就有点说不过去了，因为事实上，栗妃根本不知道此事。

事情的始末都是王美人和长公主设计的。

栗妃冤啊，但是走皇廷这条道路的远近是和心机、智商成正比的，以栗妃的实力，她也只能走到这里了。到这里吧，就到这里吧。

景帝前元七年冬，汉景帝贬太子刘荣为临江王。而曾经得宠的太子的母亲也被贬到冷宫，终生不得自由。

我们不得不感叹世事无常啊，栗妃自从入住冷宫，那里的绿化程度一天比一天好，能不好吗？那里野草疯长，野花飘香，陪伴其中的心情也只有栗姬的落寞与苦痛，她一直希望皇帝能记起他们曾经的甜言蜜语，希望皇帝只是暂时的失忆。

但这种希望根本就是奢望、痴望、无望。因为皇帝根本没有失忆，他比谁都清楚，他是一国之君，汉朝吕后事件给后世的影响太大了，一个好的国母并不是你这种人所能担当的。也许景帝的心中还是有一点悲悯和怜爱，但是谁知道呢？

可怜的栗妃，在无望的等待中死去。

后宫的女人们大抵也只有两种命运——得宠和失宠。后宫的季节也大抵只有两个季节——冷季和热季。爱情神话从来不会在皇宫上演，不管是古还是今，不管是景帝还是武帝。

## 最后的较量

太子刘荣被废，这给了很多人一个广阔的遐想空间。

其中梦做得最美的就是窦太后。这王美人还没来得急跳出来过上几招，老太太就又出手了。

为什么说是“又”呢？

因为老太太不改初衷，还是要为小儿子梁王来争这个储君之位。

这不，老太太摆擂台叫板了，谁想当皇帝，可以！来，出来单挑。

这话是说给谁的？

其实，看看明处的和暗处的，能叫板的也只有王娡王美人了，这在背后攒砖头造房子的也就是王娡王美人了。

但是老太太并没有这么想，她认为，和她叫板的也只有当朝皇帝，也就是她的大儿子——刘启。

可见，这老太太不但本身的视力不太好，政治视力也不怎么敏感。

窦太后的卷土重来不仅让王美人始料不及，就连景帝也大吃一惊——老太太心里还惦记着这事呢？

上一次景帝是怎么化险为夷的？他是以别人始料不及的速度突然

立皇长子为太子，这才断了老太太的念想，立皇长子那也是名正言顺。可是这回呢？这回又能拿什么说事才能挡住呢？

景帝犯难了，皇太后仍然不依不饶的，景帝只好口头上先答应，但是他提出，这么重大的事情一定要和朝中的大臣们商量。

这么看，景帝似乎是已经松口了，对这死乞白赖的弟弟和固执偏心的母亲动摇了，但真的是这样吗？景帝当时的托词是和朝中的大臣商量。

商量？你立太子的时候怎么不和我们商量，你废太子的时候怎么没和我们商量？

这就说明其实景帝心中是黑白分明的，梁王刘武当皇帝？想都别想。所以，和大臣们商量只是权宜之计。

大臣们是干什么的？大臣们就是揣摩皇帝心思的。

这都是专业功夫，那个被皇帝处死的栗贲不就是因为基础知识不扎实而送命的吗？

所以，朝中大臣没有一个不知道皇帝的真正心思。经过一场“朝议”，窦太后的主张自然被搁置，这一搁置，其实就等于这一提议就被判了死刑。这时候的搁置可不和现在的死刑一样，死刑转死缓，死缓转无期……这个时候的搁置就是搁置，死刑就是死刑，“来日再议”的另一种说法就是“不行！想都别想”。

“来日再议”这场戏中的男一号就是当年主张杀晁错的袁盎。

紧接着，免不了俗，我们在电视剧中经常看到这一幕，许多老臣跪在当权者前，个个痛哭流涕，把先皇帝，先祖皇帝各位列祖列宗全部列出来一一缅怀，然后仰天大呼一声，臣对不起先皇啊。轻者泪涕横流，重者倒地昏厥。

事实证明，这招虽然俗气，但是管用。

面对太后，袁盎不但如上，而且循循善诱，他问太后，您如果立梁王为储君，那么将来梁王百年之后，这个皇位又将传给谁呢？是景帝的儿子呢？还是梁王的儿子？

窦太后听完，不假思索地说，武儿百年之后，再把皇位还给他哥哥的儿子呗！

老太太这下中套了，袁盎要的就是你窦太后这句话。

那么好，太后，我给您讲一段家庭悲欢，老太太一听是家庭悲欢立马就有了精神头，其实这窦太后除去太后的身份也就是一个上了年纪的老太太，家庭和睦，安度晚年才是她最大的心愿。

话说春秋时期有一个宋国，当时宋国的国君是子力，他没有把皇位传给儿子，而是传位给了他的弟弟，弟弟做了几年的国君之后也死了，在弥留之际，弟弟为了感谢哥哥，就又把皇位传给了哥哥的儿子。并让自己的儿子到另一个国家定居。但是弟弟的儿子却非常不服气。于是，这两个人的儿子们互相争斗，血光四溅，宋国大乱，三个国君连续死于非命。

这“血”啊，“命”啊的，老人家是见不得的，说到这里，窦太后已经是惊出一身冷汗了。

窦太后自己本身也没什么文化，春秋时期的事情她是没听多少。袁盎脑筋一转，太后春秋时期的事情是没听过，可这“七王之乱”不就是眼跟前的事情吗？可不是吗？窦太后一方面受了袁盎的吓唬，一方面想起了“七王之乱”中骨肉相残的劫魄，老太太心中犯嘀咕了，是啊，到了我孙子那辈我是不在了，这帮小子们万一火拼起来，刘家的江山万一断送在我的手里……老太太越想越怕，越怕也就越老实。

到了后来，立梁王为储君的事情，老太太干脆再也没提过。

至此，袁盎大获全胜，但是这似乎也是袁盎最后的露脸（为他被梁王所杀埋下伏笔）。

故事讲到这里，我们似乎忽略了一个人，那就是梁王刘武，这个太后的儿子，皇帝的弟弟，刘彻的叔叔，平定“七王之乱”的功臣。

太后这里是消停了，梁王会放弃努力吗？十皇子刘彻会冲破这最后的桎梏登上那光辉灿烂的顶峰吗？

别说先前的窦太后没有看出储君之争的真正对手是谁，就连梁王都没有想到他的这个小侄子刘彘会成为他的对手。梁王身边有一个亲信，此人名叫——韩安国。因为是亲信，此人的能力也就值得肯定了。

韩安国此人可是不简单啊，这个人在梁王朝内当大夫，他不仅文武兼备，而且能言善辩，是个各项全面发展的狠角色，在梁王的各种重大决策中，几乎都是他来充当梁王的脑子。

韩安国曾经因罪被囚禁于山东蒙城的一所监狱内。狱吏落井下石，经常用羞辱等手段来满足差额补位的变态心理。韩安国自然没有逃过这一劫，蒙城的狱吏对他是百般羞辱，但是韩安国却说，死灰难道不会复燃吗？意思就是说，山不转水转，你哪天别转到我手里。

这狱吏反应也挺快，他大言不惭地说，死灰要是复燃了，我就用尿把它熄灭。

这个狱吏显然是高估了自己体内这种近似于水的液体。

不久，韩安国果然复官为内史，他再次找到这名狱吏，死灰现在已经复燃了，你怎么不用尿浇灭呢?

狱吏立马叩头求饶，尿估计是尿了，但是尿在了自己的裤子上。

也正是这个韩安国，一次又一次地提醒他的主子梁王要低调行事。

能知窘境而不窘也，大丈夫也；能忍者，大智者；能知锋芒而不露也，大权谋家也。

就是这个人，他发现了藏在暗处的敌人，也是他最先察觉到了王美人的锋芒，在几次与王美人的弟弟田蚡浅交之后，他感到了一股莫大的暗涌，一个宫中普通妃子的弟弟，为什么要极尽巴结和讨好我呢?而且这个女人还和当朝红人长公主私交甚好，两人的孩子更是订了亲。

可见，这个女人不简单啊，她是拉着儿子奔着皇位去的啊。

于是，韩安国数次提醒梁王，没想到梁王都一笑置之。

难道，刘彘能成为皇位继承人吗?如果寡人的对手只是像刘彘那样的，那我这个当叔叔的还真是羞于和他去争了。

这句话既是戏言，也是天机。

韩安国的提醒并没有给梁王造成一种警惕，梁王只是一味地认为，是当今皇上和一帮老臣们在反对他。

窦太后溺爱梁王，这是人所共知的，而梁王也仰仗着这样的溺爱胡作非为。不仅在日常生活上做派奢华,在行为举止上也一样攀比皇帝。

汉景帝对这些都是心知肚明的，而且非常反感，只是碍于老母亲的面子不好发作罢了。

刘武不但没有收敛，反而是变本加厉，当他知道老母亲提出的立他为储君的提议被全票否决之后勃然大怒，于是，他派人调查到底是哪个活得不耐烦的坏了他的好事。调查结果让梁王大吃一惊，反对他的不是一个两个，而是以袁盎为首的朝臣。

好，来一杀一，来百杀百，来多少我梁王照单全部打包。这梁王也真是狗急跳墙，派了几个刺客潜入京城，一夜之间，朝廷重臣几乎全部毙命。

这是何等的大事啊，朝臣几乎全部死光，这就意味着国家机器几近瘫痪，景帝大为震怒，他立刻派人彻查凶手。与此同时景帝心中也有一种预感和猜测，那就是这桩血案的幕后指使不是别人，正是自己的亲小弟——梁王刘武。

于是，重案组一行人员到了梁国。

眼看一场好戏就要开演了，你梁王这么嚣张，虽然咱娘宠爱你，但这次你犯了大错了，让我揪出尾巴了有你好受的。

就在这个时候，韩安国又站出来了，这一次韩安国没有给梁王提出建议，为什么不叫提建议呢？因为此时的韩安国告诉梁王他必须这么做。

韩安国当即跪倒梁王面前，老泪纵横，大王，你真是糊涂啊，你和当今皇帝的关系，比起皇帝和他那位废掉太子的儿子的关系，哪一个更近一些？

梁王说，他们是父子的血亲骨肉，当然是他们的关系比较近了。

大王既然知道，就因为刘荣的母亲做错了一件事情，说错了一句话，立马就被贬入冷宫，刘荣也被废了太子。这说明当今皇上是公私分明的，他的太子儿子犯了错，他都没有任何偏袒，何况是您呢？皇帝之前一直对你的无礼谦让，那都是因为太后力保你啊。大王想过没有，要是有一天太后百年了，大王还能仰仗谁啊？

韩安国这番话严重到让梁王根本没有思考的余地，梁王顿时大惊失色，一时间的骄横全部转化成恐惧。

是啊，韩安国说的句句是实啊，当今天子哪是怕我梁王啊，分明就是不想得罪我们的老妈妈啊。

梁王随即就答应交出凶手，但是这几名凶手在押解回都之前就自杀了，这也给梁王留下个好说话的话口。

可死的毕竟都是朝廷的重臣啊，梁王在犯错之前是没有想到事情的严重性，犯错之后是想到这件事情的严重性了。干脆负荆请罪吧。

于是，一直骄横跋扈的梁王当真光着膀子，背着条子去见他哥哥了。

这面子上的功夫做足了，景帝也不好不原谅他。

窦太后也被这个混小子气得够呛，梁王在身边好生照顾了几天。

事情似乎就这么完了，梁王也就这么灰溜溜地回到梁国了。

他这一闹，元气大伤，没过多久就死了。

王美人在擂台上除去了刘彘登基的最后一个敌人。

公元150年，汉景帝立王美人王娡为皇后，刘彘改名为刘彻，立为太子。

## 花有重开日，人无再少年

我不喜欢倚兰殿外的天空，因为那种颜色蓝得奇怪，即使眼睛能够望到，我也不知道那到底是一种什么样的颜色；我不喜欢倚兰殿外的飞鸟，因为它们总是很孤独，即使眼睛能够看到也不知道它们在追逐什么；我不喜欢倚兰殿中的凉亭，因为那些座位总是那么热闹，而坐上去的人却总是很廖少。小的时候，有南宫姐姐，有刘荣哥哥，有母亲，父亲偶尔也会来，而现在，常常只有我一个人。

我常问母亲，父亲为什么不来看我们，母亲说那是因为父皇还喜欢别的女人,还喜欢别的皇子。我知道她说的是谁。她说的是刘荣哥哥。南宫姐姐也曾经和我说，刘荣是要做太子的，到那个时候我们就都要离开长安了。

那个时候，我常常看到白天光鲜的母亲躲在昏暗静谧的卧房偷偷抽泣，我不知道她在哭什么？但是我能体会到，她很累、很累。

我们每个人大概都有长大的分水岭，童年总有那么一件事情让我们记忆深刻，总有那么一次让身体拖着我们疯长。不管是他是刘彘还是刘彻，他也同样被这种撕裂的疼痛拖着成长。

生命中能够永刻的记忆都带着痛楚。

**（一）南宫**

景帝时期是匈奴最为强大和嚣张的时候，凶悍的匈奴骑兵时不时地就南下进犯，这种没有规律的敌对行为让汉廷大为恼火，并且匈奴骑兵个个都不是省油的灯，进犯的常规动作也基本都是烧杀抢掠，老百姓也受不了，怨声载道。

对待匈奴是战，是和，此时成了景帝心中的一大忧虑。

先拉一幕当时的政治背景。当时汉景帝在政治上的作风是“清静恭俭”。总的来说就是为政少事，安定百姓，善待臣民，勤俭节约。从这几点我们就可以得出景帝的政治性格，他执行的是黄老无为的那一套，在对外战事上，当然就是多一事不如少一事。但是我们不能单纯地认为景帝就是一个懦弱的好好先生，景帝时期打匈奴，确实不是时候。

不打你，还要稳住你，怎么办？和亲吧。

这一和亲，难免肉包子打狗一去不回。所以，和亲的人当然不能是真正的大汉公主，这种“假冒伪劣”式的和亲政策，想必大汉和匈奴都知道，这些面子上的事情，只要赢得名声就好了。

大量的财物，牛、羊、金银、绸缎、布匹，随着汉廷使节一次次地运往匈奴。

但是，一味地姑息并没有换来汉廷想象中的息事宁人。随着汉朝一次次满足匈奴的要求，匈奴人的胃口也越来越大。

这次匈奴人的要求让景帝难以接受并大为恼火，其一，匈奴索要的财物价值是整个汉廷三年的财政收入；其二，匈奴要求再派一位和亲的公主，而且，这次他们一定要一位真正的大汉公主，如果再像以前那样随便派一个宗室女子甚至是宫女的话，他们就即刻起兵攻打雁门、代郡。

景帝拍案大起，“荒唐！”

经过几夜的深思熟虑，景帝的眼眶黑了。我们可想而知，景帝经过了多少心灵上的挣扎与情感上的崩溃，抛开他的帝位不说，景帝首先是一位父亲，而他此时的抉择就是要不要把自己的亲生女儿远嫁到他咬牙切齿地憎恨的一个民族中去。

国家大义当前，我们不得不放弃一些自己的东西，何况景帝是一国之君。

这位远嫁匈奴的公主很快就选出来了，她就是王美人为景帝生的三女儿，南宫公主。

这样的大婚，有的只有疼痛，撕肉般的疼痛，而这样的疼痛，年少的刘彻也感受其中。

他顺着皇宫的阶梯一步一步地跑，可他跑不过急促的马蹄。他顺着远走的方向一声一声地喊，可是他喊不过大婚的号角。

远嫁匈奴的不仅仅是刘彻的姐姐南宫，一并远走的还有少年刘彘心中对匈奴的仇恨，也许在那时，小刘彘的心理感情上并没有崇高地附上国恨，他倾泻的只有一种就简单的感情，他在大喊姐姐的时候，追得上的只有南宫远嫁他乡的风尘。于是，两个字狠狠地烙在了他的心间——匈奴。

匈奴！！！

**（二）刘荣**

大汉江山对于刘荣来说，曾经只有咫尺之遥，所以此种意义上的失去让人难免觉得悲凉。

刘荣因为母亲之过被废了太子而贬为临江王。

故事似乎就这样告一段落了，权力的归属似乎也随着这最后的陨落偃旗息鼓了，因为刘荣千错万错，他也是皇子，也是皇帝的亲骨肉啊。然而，周到的人是不会留下一苗火星儿的，全面的人是不会留下一根野草的。

刘荣的运气似乎一直不怎么见好，在做了两年临江王之后，又有一档子事情让他摊上了，而正是这一件可究可不究的事情给了刘荣最后一次重击。

原来刘荣是犯了逾制之罪，在他做临江王的时候，曾经把自己的宫殿扩建到了祖庙之地。这祖庙是哪里啊，祖庙就是祭祀祖先的地方，这里面住的可都是像什么汉高祖刘邦啊，汉文帝刘恒啊，都是住在此地。

你刘荣既然已经不是太子了，那么你别说得罪活人，就是得罪死人也不行。

其实准确地看刘荣到底占没占呢？也是不好说的，你若是拿着尺子，撅着屁股使劲量，你就会发现，刘荣占祖庙还是有很大争议的，他玩的是技术含量很高的动作——擦边球。

我们都知道，在各种比赛中，裁判或多或少地都是能左右一点比赛的走势的，不管是故意的还是无心的。那么，你刘荣打出的既然是擦边球，那么怎么判你就完全在裁判了。

那么我们看看这位裁判是谁？

能载入史册的人不简单，而能被司马迁写进《史记·酷吏列传》

的人也是不简单的，一场比赛不出十张八张红牌是练不成这名号的。

这位可怕的裁判就是郅都。

郅都何许人也？我们也来看看他的“光荣事迹”。

当时济南有一个非常猖狂的瞯姓黑老大，仗着自己宗族势力大在当地为非作歹，当地太守对此都非常无奈，到一个调一个。

这件事情很快就传到了汉景帝耳朵里。

收拾这么一个跳梁小丑，汉景帝有的是办法，于是他就派去了郅都。

郅都一上任，根本没让这个黑老大有摆造型的机会，直接就把他灭了。

这表面上是奥特曼打小怪兽，在内行人看来这就是黑吃黑。

人都说，恶人惹人厌，可是这个郅都在汉景帝面前可是一个红人，因为他是汉景帝的御用黑脸。

作为一个皇帝，免不了要做一些讨人嫌的恶事，但是又不能污浊了自己皇帝的清誉，那么，这么一类恶人就有了市场。

你是恶人，那么就一定会有一些相得益彰的“恶事”。

翻翻史书，看看汉景帝时期有哪些恶事。断人家子，绝人家孙的事情算恶事了吧，当年杀尽栗妃朝中亲属的刽子手就是这个郅都所为。

当时，管这件事情的负责人本来是卫绾，卫绾又是何许人也？把他的名头要是说出来的话，恐怕得废点笔墨。

卫绾是西汉代国大陵人，他的主要活动是在汉景帝时期，历任中郎将、河间王太傅、太子太傅，御史大夫，并做过三年丞相。一看这前缀，一定是位牛人，但是就是这样一位牛人汉景帝还是觉得太老实，让他做这种见血毁名的事情真的是不合适。

于是，汉景帝就把卫绾叫到跟前，卫绾啊，这段时间朝中杂七杂八的事情也够你累的，朕打算放你几个月的长假，让你好好休息一下。你放心，是停薪留职。剩下的事情就让郅都来做吧。

这件事情，既可以看出汉景帝对卫绾的爱护，也能看出汉景帝是个知人善任的皇帝。

这个郅都一到任，一点都没对不起“酷吏”这个名头，三下五除二就把朝中的这些栗姓亲属杀了个精光。

我们不要忘记，杀人的虽然是郅都，可是派人的是皇帝。

刘荣进了京城哪里都没有去，直接进了局子，局子也就是当时的中尉府。

刚进去的时候，刘荣的皇子姿态摆得还是很高的，虽说是旧人，但曾经也是太子，虽然是临江王，但怎么说也是皇子。

你公安局局长不给我面子，还不给我老子面子吗？

但这一次刘荣错了，因为这个公安局局长就是他老子任命的。

到了局子，别说茶水伺候了，就连好声言语都没有一句。

你可知罪？郅都声色俱厉地大喊一声。

这一声，把刘荣身上仅存的一点自尊喊没了。当刘荣得知这个郅都就是当年杀他母家的仇人之后，身上仅存的一点胆气也没了。

这个时候，刘荣感觉自己的气力已尽，于是他向郅都要纸和笔，他要给他老子写信，一来说明自己心中的委屈，二来向父皇谢罪。

对于一个皇子来说，这是多么微小的要求，可就连这点小要求也被郅都拒绝了。

事情就这么僵持着，最后还是刘荣从前的老师窦婴解了围，暗中派人给他送去了纸笔。

但刘荣写完了信就选择离开这个太过痛苦的人世，临江王刘荣自杀了。

说刘荣当时是前太子，说刘荣当时是临江王，其实刘荣当时只是一个不过十多岁的孩子，对于这么小的孩子，他在有限的时间里却承受了无限的痛楚。

先是被废了太子，简直就是从天上跌到地下，后来就是母亲郁郁而死，朝中母亲的血亲也被赶尽杀绝。而现在更是身处狱中，就连给自己父皇写封信都被一个小小的廷尉所拒绝，天上人间，简直没有可以帮他的人，远处身边都没有他能靠的岸，还有哪里能容得了他啊。

到底是刘荣正好撞在了枪口上呢？还是远处早就有这么一个靶位精准的狙击手一直在对着刘荣呢？

我们不禁浑身打颤地想，难道是景帝间接杀了他儿子？

要这么理解也可以。

假如你有两个儿子，你要想让其中一个儿子饿不得，就得从另一个儿子口里夺食，敢问天下哪个父亲能这么做？

景帝能这么做！假如你对这个答案还有质疑的话，不要紧，我们慢慢分析。

讨论一开始就呈现一边倒的情况，因为从表面上看，刘荣只是一个废太子，况且现在已经被景帝打发到远离长安的地方了，这个人安全系数是非常高的，对于谁似乎都不再具有威胁性了。

当真如此吗？

刘荣是前太子，可这前太子和前妻、前夫可不一样，前妻、前夫还能重新投入人海找寻另一半，还有可能成为正妻、正夫，从此再结婚，再生子，再过上幸福快乐的生活。

可是这前太子就不一样了，我们可以历数历朝历代的前太子，大多数的结局都是非常惨的。

因为太子不是一个简单的尊贵名词，而是一个复杂的利益名词，前太子虽然是前任，可毕竟也当过太子，那么在他身边就不乏掩藏着一个庞大、牵扯的利益集团。

前面我们已经说过，朝中大臣是干什么的？是揣摩皇帝心思的，是技术含量非常高的活儿。那么你作为一个臣子，能光揣摩皇帝成年时候的事情吗？这皇帝小时候的脾性也得摸摸清楚啊，这样功夫才能到家。

所以，在一个皇子被立为太子的时候，身边就会围绕着一些臣子，目的只有一个低价买进，高价卖出，这种只赚不赔的活，来的人当然趋之若鹜。

投资有风险，入市须谨慎。

任何投资都有赔的可能，好些人都会被眼前的风光、利益所蒙蔽，他们万万没有料到，太子也会有被废的一天。

这天当真来临的时候，其中有些人是放弃努力自认倒霉，但有些人可不是，他们谋算的是东山再起，到口的肥肉竟然飞了，这股子馋隐儿，非找机会解了不可。

于是，矛盾就来了，危险就来了。一个废太子领着一群稀里哗啦流口水的臣子就要夺回原本是他们的东西。

再说了，刘荣现在还小，对深仇大恨理解得还不深，等他临江王做腻了，哪天缓过神来细想，好啊，我老子、我兄弟合着伙儿地欺负我和我妈，这父子情啊，兄弟情啊我可顾及不得，反了他的。

兄弟、父子反目的例子不是没有的，近在眼前的“七王之乱”和梁王的储位之争，景帝是生生看在眼里，他深刻地认识到有时候亲情在权力面前是那么的微小，那么的不值一提。

我们说了这么多，景帝做了这么多，为了什么？为了谁？

当然是为了大汉江山稳固，为了现太子刘彻，刘彻才是导致这一系列事情的源头。

我们能说这是汉景帝的一种残忍吗？不能，我们只能说汉景帝这种残忍正是成全了历史的一种仁慈，因为这样，他才能尽力肃清当今太子的威胁，把一个相对清明的大汉江山交给下一个继承人。

这一切是这么不可逆转地发生了，但是小刘彻根本读不懂其中的真意，他有的只是悲伤。

王美人眼中的刘荣也许是她前进道路上最坚固的屏障，那么刘荣在刘彻的眼中是什么？刘荣只是一个亲切的肉身。至少在刘彻还叫刘彘的时候，刘彘眼中的刘荣只是他的哥哥，只是他的玩伴，陪他闯祸，陪他挨骂，仅此而已。

他的荣哥哥死了，他的南宫姐姐走了，刘彻虽然还没有成年，但似乎童年随着这两个远去的玩伴，也渐渐走远了。

花有重开日，人无再少年。

# 【第三章】汉朝，我来了

> 开颅手术
> 史上最有名的书呆
> 海市蜃楼
> “邂逅”

## 开颅手术

随着景帝的谢世，刘彻这才真正意义登上了帝位，到达了权力的顶峰。

从七岁成为太子，到十六岁登上帝位，刘彻在预备役学了九年本事。

九年的预备役训练让刘彻知道，自己是一支箭，若要它坚韧，若要它锋利，若要它百发百中，磨砺它，拯救它的都只能是自己。

很多事情即将发生，很多人的命运即将改变。

当年的刘彻曾经从朝堂之下仰望过父亲，曾经近在眼前的眉眼，一旦换上这个舞台，刘彻便觉得父亲遥不可及。

这一段遥不可及的路，刘彻走了九年。

大汉朝年轻的新皇帝，刚一上台就势如破竹，然而这满朝文武具化在刘彻眼中，就是几张生硬的面孔和一堆拗口的名字代号而已。

昨天大家还萍水相逢，今天就让我和你坐热炕头？掏心窝子？

张三，你去管朕的钱。李四，你去用朕的兵。你谁啊你？

不行，得放血。

重新换血你也得和大脑商量吧，否则的话，这大脑不认你这个血型也是白搭，刘彻倒是省了这麻烦，直接把大脑换了。

开颅！手术！

于是，大汉朝迎来了又一次的人事大变动。

前面已经说过，周亚夫已经被景帝生生压下去了，“太平本是将军定，不许将军见太平”。这是周亚夫的悲剧，却也是景帝的不得已。景帝想管的毕竟是他死后的事情，然而人间的事情，他再也管不了了。那么现今丞相之位就是景帝非常信任的臣子——卫绾的。

当今皇帝是你的徒弟，故去先帝又非常信任你，这个卫绾看来是阴阳两吃，混哪条道都不成问题啊。

然而令人意想不到的是，第一个上手术台的人就是卫绾，他不是被人押上去的，而是自己走上去的。这个卫绾放着大好前途不走，偏偏在这个时候因病免职，这样看来也是急流勇退啊。

卫绾的为人怎样，前述我们已经有过了解，他虽然官居丞相，但实话实说就是一个通气管，也就是只能起到上传下达的作用。然而就凭这一种技术含量极低的本事而做到了丞相，这就足以说明卫绾的本事。

你能说卫绾这官做得失败吗？人家全身而退，并且是自然死亡。

作为一个丞相，一个开朝元老能够全身而退、自然死亡就是最大的胜利了。

做官的最高境界是什么？拿最多的银子，惹最少的事。

有人又该问了，那些篡权夺位的臣子又该怎么解释，我只能说，人家谋的不是做官，人家谋的是造反。

我们来了解一下汉朝当时的官僚机构。省得一帮老头在那里，您觉得哪个老就哪个官大。下面以列图的方式向大家介绍，虽然生涩，但一目了然。

汉代的官职制度是三公九卿制。

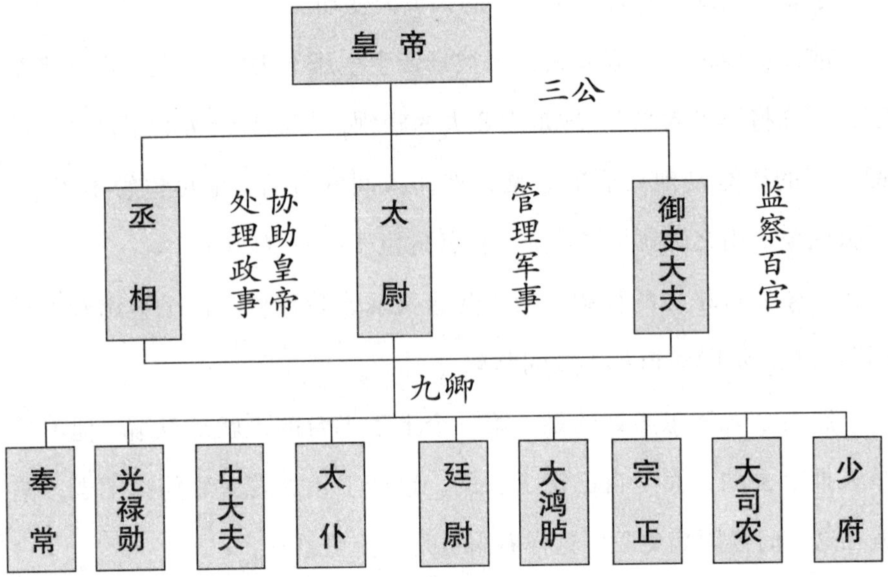


三公：

1. 丞相——居百官之首，工资福利最高；和皇帝关系最铁；帮助皇帝处理国家政务；爱好开会；有选取国家公务员的权力；有弹劾百官和执行诛罚的权力；凡有重要的政事以及财政等方面的重大的事都必须和丞相讨论。

2. 太尉——全国最高的军事统帅，又称：大司马、太傅、大将军。太尉是朝中仅次于丞相的官职，但是地位和丞相相同，（所以，太尉和丞相吵架也算不上什么以下犯上）他是最高的武官职位。

3. 御史大夫——又称：大司空、太保，主要行使副丞相的职权，也就相当于丞相秘书，不同于女秘书的是他可以对包括丞相在内的百官公卿的一切行政活动进行监察。

只有这个方阵中的人才有资格触碰到国家真正意义上的最高机密。

九卿：

4. 奉常——掌管国家的礼仪

5. 光禄勋（郎中令）——主管宫廷内的警卫事务，但是实际的权力不止于此。

6. 中大夫——掌管皇帝的警卫

7. 太仆——掌管皇帝的车马

8. 廷尉——掌管国家的监狱

9. 大鸿胪——掌管国家的外交

10. 宗正——监督皇帝的亲属

11. 大司农——掌管国家的财政和农业

12. 少府——管理皇帝的个人小金库

下面即将登场的人，大家可以对照上图来看此人的直接杀伤力，如果在列图中找不到的话，那么这个人就不在权力的第一阵营中，但是这并不能表明此人的贡献和影响就比别人小。

由上可以看出，丞相是封建官僚机构中的最高官职。而汉代的丞相一般也都是给那些元老级人物来做的，但是看戏不能只看上午戏而不看下午戏。

这些风光无限的开朝元老能善始善终的往往是少数。

下面让我们来分析一下这种说来奇怪但又不足为奇的现象。

首先，每个人在成长过程中都有不想让人知道的秘密，皇帝也不例外。就像你有一天成名了，你还会喜欢那些打小和你甩着鼻涕偷人家果子的朋友吗？尤其是当你成为一位温文尔雅的名人的时候。

这些元老级人物对皇帝的历史往往非常了解，甚至间接参与了皇帝的发家史。而这一过程就成了一本《皇帝是怎样炼成的》炼成的教材，等哪天这些元老权力大了，手头阔了，难免不会拿来读读这本书，然后再将过程加以复制。

再次，单枪匹马的开朝元老我是没见过，电视剧大家看得多吧，最常见的一个镜头就是一个颇有威望的老臣跪地大呼：“圣上三思啊！”

紧接着身后就会有一大片朝臣立刻跟着卧倒。

“圣上三思啊，上三思啊，三思啊，思啊，啊”的回音在朝堂上环绕。

所以，从这个架势看，每个开朝元老的背后都跟着一副精良的权力武装。在大朝廷上，这帮武装听皇帝的，可在小朝廷上，这帮武装听开朝元老的。

最后，人们常说，相爱容易相处太难，此法则不仅适用于牵着小手，亲着脸蛋的小情侣，对于皇帝和元老之间同样适用。由于开朝元老和皇帝之间缺乏距离感。皇帝看到的便是他们越来越多的缺点和瑕疵。

皇帝和名人不同的是，名人可以悄无声息地和这些初级死党疏远关系，而皇帝却可以杀了你。

很多功臣的悲惨结局在于他们并没有意识到皇帝的“帝王心态”，他们等待的是“论功行赏”、“封妻荫子”、“永享富贵”。甚至有的还“居功自傲”、“拥兵自重”，自以为聪明地干扰君主的一些成熟思想。这些人便化成了皇帝的眼中钉，肉中刺。

直到死他们还是死得不明不白。

而有些功臣则摸透了皇帝这套心理，天天想的就只有迎合皇帝的心思，博得皇帝的欢心，渐渐的，这帮本来道义满满的为官者逐渐成了皇帝身边的佞臣、弄臣。这些人便化成了皇帝的蜜中苦，酒中毒。

以上两种态度都是比较极端的，下场也都好不到哪里去。

卫绾取了个中间值——非常知趣地辞职不干了。

卫绾就这样在风口浪尖的时候退出江湖了，这是刘彻为他的恩师精心挑选的最好归宿。

## 右脑

刘彻很快就选出了一个新脑袋，丞相魏其侯窦婴，太尉武安侯田蚡，这一老一少组成了大汉新一届内阁。

这窦婴是窦太后的侄子，这田蚡是王太后（王美人）同母异父的哥哥，也就是刘彻的舅舅。

这个老少组合并不能说明刘彻对自己的亲戚够意思，能说明的只能是当时的大汉朝人才匮乏，也只能矬子里面拔大个儿了。

我们打开大汉的丞相花名册，在刘邦时代，丞相之位还是人才济济的，但是到了景帝时期，能拿得出手的就少之又少了，景帝时期一共有四位丞相，没有一位是因为纯能力原因而取得相位的。

所以，到了武帝时期，西汉政府的板凳深度愈发浅显，能上台比赛的后补也是越来越少。

这与汉朝开国以来的政治环境是有着密切关系的。

高祖刘邦在最为得意的几年时间内就做了两件事——造反和平叛，等到时局比较平静的时候，他又老婆孩子热炕头了，况且还是遇到了吕后这样的悍妻。

所以，教育要从娃娃抓起的大政方针就被刘邦搁浅了，这一搁浅就误了茬，接不上了。

到了景帝这一代的时候，本应该是重视此事了，没想到又遇上一个“七国之乱”，收拾了这摊收拾不了那摊。

所以，刘彻继承的不仅是一个外表光鲜的大汉国，当他在品尝这些的时候才知道，有的部分已经变味腐烂了。

正是这样的政治大环境，让刘彻正好遂了奶奶、母亲的心思。

幸运的是，瞎猫碰上死耗子的概率虽然小，但还是会发生，下面，我们来看看窦婴这个人。

窦婴可不是一个动不动就高喊“哥们朝中有人”的人，相对于其他外戚来说，窦婴做事情还是很有分寸的，他能混到今天这个位置，依靠的也不仅仅是窦太后这棵大树，否则的话，窦婴不会冒犯太后。

窦婴曾经在一场温馨祥和的家宴中放了一颗炸弹，这次的爆炸事件就是他彻底搅黄了他姑姑窦太后想让小儿子当储君的心思。

景帝的一时兴起之话——“千秋之后传位梁王”。老太太还没来得及高兴，窦婴就马上出来圆场，陛下醉了，陛下醉了。

正是这句不识时务的话，差点让窦婴丢了饭碗。到了后来的“七王之乱”，景帝也是当真慌了手脚，于是不得不请窦婴出山。

窦婴还是有脾气的，刚被太后赶出长安，这也太没面子了，我不去，由此看来，这窦婴还是有几分倔强的。

最后，景帝好说歹说，窦婴这才勉强出征，这一去，便立了功，封了侯。

景帝大悦，立马赏给窦婴一千金，窦婴是怎么做的？他可没有领旨谢恩，这一千金，窦婴一个子儿都没碰，全部捐来用作平叛藩王的军费。《史记》中记载，“金无入家者。”这种对金钱漠然的态度，也可见窦婴的确不是一个贪财之人。

窦婴平叛立功，于是景帝就又给了他一个好差事——太子刘荣的老师，无奈碰上了一个不争气的主子，没过多久，刘荣就被废了。这下窦婴又坐不住了，急忙为自己的学生出头。

结果当然是无功而返，窦婴又有小脾气了，抱病甩手不干了，直接躲在了南山上，这一去就是几个月。

后来起起落落好几次，窦婴被废了又用，用了又废，跌跌撞撞终于捱到了武帝上台做了丞相。

同时可见，窦婴是权臣中少有的血性人士，聪明中带点狡黠，狡黠中又带点耿直。

俗话说，性格决定命运。窦婴无疑给晦涩、生冷的权力气氛增添了几分灵动，但是灵动就意味着变动，变动就意味着不稳定，不稳定就意味着你的脑袋会随时落地。

后面的路，我们只能祝福这个有几分性格的小老头一路走好。

## 左脑

新皇刘彻的右脑机能我们有所了解了，下面我们再来看看左脑——田蚡。

你可别小看了左右之分，学问很大的。

在长期的社会实践和历史繁衍中，在汉文化圈里渐渐形成了“右尊左卑”的文化积淀。《礼记·王制》记载：“殷人学国老于右学，学庶老于左学。”郑玄注：“右学为大学，在王城西郊；左学为小学，在城内王宫之东。”

右尊左卑早有来头，可这当今皇太后的弟弟，当今皇帝的舅舅怎么就甘愿当这左脑了呢？

田蚡可以说是一个比较优秀的操盘手，在成功让姐姐王娡上市之后，又成功运作，让其指数一路走高。

大家都知道，王美人的心机和策略是出了名的，正是因为如此，我们今天的主人公刘彻才有机会在历史上露脸。

那么我们不禁会想，这个女人莫非是狐妖化身？美貌和心机成正比的也多半是妖精。王美人不是妖精，顶多算得上一个比较有智慧的美女吧，在她的身后还隐藏着这么一个人，正是这个人，在好多关键时刻点醒了这位野心不小的美人。

这个人就是王美人同母异父的胞弟——田蚡。

王美人的娘我们都知道就是那个猛女臧儿，就是这个女人，在两个男人身上都有所收获，这两个收获也就是今天的王美人和田蚡。

也正是这对姐弟组合，在悄无声息间帮助刘彻掌控了大汉的江山。

姐姐今天当了皇后，卫绾又被免了相位，怎么轮也似乎该轮到我了，虽说混个太尉是没有问题的，而且太尉地位也和丞相平级，但我就是想当右脑。

正当田蚡头脑发昏地想当右脑的时候，一个门客给田蚡提了醒。

这朝中的职位是摆资格、轮辈分的，光是这两条，你就不如魏其侯窦婴。再说了，你也是刚出道，怎么也算个新人，新人就得拿出自己的谦逊。

而且窦婴还代表着窦太后，太后虽然老了，但在朝中的分量还是无人能比的，窦婴如果当了丞相，那么你必定就是太尉，这也不算是亏待你，还能博得老太后的赏识，何乐而不为呢？

田蚡一番苦思冥想，觉得确实是这么一回事儿，于是便在姐姐面前说了几句，这几招也确实是王美人的惯用招数，王皇后也立刻向儿子说了想法。

看来，窦婴能当丞相，田蚡也帮了不少忙。

这样一来，“窦田组合”似乎是比较完美了，但历史又一次告诉我们基于算计之上的同盟是长久不了的。

## 史上最有名的书呆子

脑袋的事情是让刘彻忙活完了，接下来就该灌输思想了。

此时，到底用什么思想治国似乎也是早有定论，因为当时的窦太后是黄老之术的忠实粉丝，当时景帝给刘彻找的老师卫绾走的就是儒家学派，这可是气坏了这位老祖宗，立马就给刘彻又找了一个主张黄老学派的老师。

可怜的小刘彻，小小的脑子在两种思想的激烈交锋下不停地换算，然而我们知道，电脑如果用两种冲突的程序的话，就会导致系统瘫痪，刘彻也不例外。

在冷静分析之后，刘彻似乎对于自己该学什么有了答案。

汉武帝建元元年，即公元前 140 年，这是刘彻当皇帝的第一个年头。年仅十七岁的少年天子屏气凝神地签发了一道圣旨，“求贤良方正直言极谏之人”。说白了，这就和咱们今天选拔公务员的考试是一个道理，不过好在开朝初期，当时的潭水还没有那么深，规则也还没有潜伏起来，面向的团体是广大汉朝子民。

这次知识大海选的题目是“治国方略”。

他需要人，他需要智慧，而且很需要。

这场看似公平的考试，其实早就在暗中被刘彻定下了大基调，尊儒的一律有机会，主张黄老学派的一律不用。

一个书呆子的成功看似偶然，其实是一种必然。

“目不窥园”的典故相信已经被一大批望子成龙、望女成凤的家长引用了无数遍，每个家长都希望自己的孩子能如故事中的主人公一样寒来暑往，一心一意地读书。

其实，这并不是一个故事，而是确有其事，故事的主人公也就是我们今天的主人公——董仲舒。

说他是史上最有名的书呆子似乎一点也不为过，笔者在百度搜索董仲舒三个字，一共搜出 468,000 篇网页，搜刘彻不过也才搜出 317,000 篇网页。由此表明三个问题，一是董仲舒的名声一点都没比他的主子小。二是我们大家的注意力确实该转移转移了，仔细探究历史你会发现更多比娱乐圈有意思的东西。

这个征考圆圈划得大，圈里的人也都跃跃欲试。

满腹经纶的学究级人物开始宏观构制自己的治国方略了；满身金饰的有钱人家也开始寻思钱在这个朝廷好不好使了；寒酸得只剩下学问的读书人也都打包行李进军长安了。

这个时候的董仲舒已经四十岁，是名副其实的高龄考生了，这个事情如果搁到现在，恐怕要受一些限制。但当时汉朝胸襟开阔，不搞年龄歧视这一套。

按说，四十岁已经到了不惑之年，但是这个董仲舒却是越活越不明白，在他的心中充满了问号和解开问号的勇气。

董仲舒在参加海选之前，已经是当时的博士了，此博士非彼博士也，和今天博士的概念是不同的，但是唯一相同的就是学问都很多。

这个时候的博士其实是个官位，学术地位相当于我们今天的院士，这个博士主要负责的不是学术研究，而是用自己学到的为皇帝解开心中的疑问。文帝时期大名鼎鼎的贾谊也是博士出身。

老董在十多年的博士任上，一直默默无闻，在学术上没有什么大的造诣。当然这不能全怪老董，因为汉初的主导思想是黄老政治，讲究的清静无为，老董自然借这个时间韬光养晦。

日子总还得过，老董也没闲着，他做着一个比较时髦的事情，那就是走穴开课，教授《春秋》。正是在这个时候，董老（人一出名就得反过来叫）为汉朝暗中培养了一批儒学人才。

董仲舒当老师是非常称职的。《汉书》描述，“下帷讲诵，弟子传以久次相授业，或莫见其面。盖三年不窥园，其精如此。进退容止，非礼不行，学士皆师尊之。”

大体上就是说董老师上课严谨认真，对礼法这一套非常重视，老师的讲台面前，有帷幕把老师和学生隔开，别说和老师在学术上打成一片，有的学生甚至毕业了都没见过董老师长什么样。

刘彻这个考试，对于博士出身的董仲舒来说简直就是小菜一碟，这次，他考了第一名。

一篇洋洋洒洒的《举贤良对策》问世了，大概同一时期问世的还有治国药方——儒术！

看到这里，读者不禁又会分成两派，董仲舒为儒学取得正统地位到底是历史的幸运呢，还是历史的悲哀。假如当时的思想流派不是儒家的话，历史又会怎样演绎，这么多的未知和可能让我们心头小鹿乱撞。

历史就是拿来分析的，不怕说三道四。

不少人对于“罢黜百家，独尊儒术”这句话一直耿耿于怀。其实这句话并不是董仲舒说的，这霸道的八个字都是后人根据董仲舒的意思概括出来的。

笔者对当时情况的理解就是——不是黑就是白，非儒即道。想选个五颜六色的彩虹造型我认为是有难度的，想出现春秋时期百家争鸣的热闹也基本上是不可能的。

对于少年刘彻的教育问题，窦太后动不动就会说：“黄老之道是祖宗的东西，不让刘彻学祖宗的东西，偏要学一些杂七杂八的东西，像什么话？”

这句话可以表现出三个意思，一是窦太后担心刘彻的学习方向偏向儒术；二是窦太后推崇黄老之道；三是老祖宗推崇黄老之道。

还必须要清楚一件事情就是，刘彻和窦太后当时的关系可不像现在小孙孙和老奶奶的关系，扑到怀里就可以随便地撒欢儿。

不是那么回事，虽然现在当皇帝的是刘彻，但实际上，窦太后此时还是大汉的权威。

所以，当时的王道思想不是儒家就是黄老，基本不存在其他让我们幻想的余地。

再有，就是大家可能忽略了当时刘彻的年龄，刘彻当时只有十六七岁，再形象点也就是一个高中生，他并没有能力去搭建一个支持各种流派思想去斗争的舞台，他只有尽可能多地从他老师卫绾那里来汲取儒家的思想。

让一个十六七岁的孩子去研究思想的问题，未免太苛刻，所以，刘彻这次大手笔的幕后执笔者，其实就是前丞相——卫绾。

卫绾这个人物我们前述已经介绍过，他虽然一直没有什么大的作为，但是却间接影响了汉朝如今年轻的皇帝——刘彻。也正是这个前丞相在辞官前的最后一段时间里，帮助刘彻把这一系列构想提上日程。也正是因为这个原因，卫绾不得不走。

所以历史又把我们从无限假设中拉回现实。

刘彻尊儒术是一个必然的选择。

首先，刘彻不是庸碌之辈，他不想让自己的名字埋没在浩如烟海的历史长河中，所以他需要选择一种新的治国思想来证明自己的独一无二，来彰显自己的个性。道家那一套看似懒汉式的治国方法似乎过于平淡。

不走寻常路的他必须要找到一种可以替代的思想，这个时候，剩下的主流思想只有法家和儒家了。

刘彻一定是个爱读历史的皇帝。

秦始皇那一段，刘彻一定没少读。

当时秦始皇启用的是法家的思想，概括起来就是三个字：法、术、势。说白了就是让老百姓怕我，刑法严酷让你怕，权术压人让你怕，强势欺人让你怕。秦始皇和秦二世都是韩非的信徒，他们完全遵照韩非的理论执行。

秦朝呈现给世人的面貌也变成了一个明火执仗的强盗，以致后人常常不自觉地忽略了这个伟大王朝的作为。

秦国因为法家灭亡，教训就在眼前，刘彻自然不敢冒险。

再次，从皇帝的心理来说，眼看着当下国家富裕，刘彻自然想让自己威风威风，而儒家思想恰恰给刘彻的统治撑起了一把保护伞，从而使君主不会被道德和法律侵犯，使君主摆脱了一切制度性的束缚。而这个撑伞的又有一个现成的人——大才子董仲舒，选择儒家水到渠成。

看到这里，读者对儒家思想的纯洁度或许产生了怀疑，刘彻的儒家思想当真就是真正意义上的儒家思想吗?

刘彻当时的思想其实是儒法结合的，刘彻并非良善之辈，他把儒家改造成为一个具有武帝特色的儒家,把法家思想灌输其中,形成了“外儒内法”的局面,正所谓双管齐下。正如《汉书·元帝纪》中汉宣帝所言，“汉家自有制度，本以霸王道杂之。”

儒家育人，法家驭人。这就出现了一种奇怪的现象，儒学思想先前被统治者塑造成一个温文尔雅的善者，后来又被统治阶级用作是既得利益的御用打手。

最后，倘若用黄老之术，中央对地方的控制力将会越来越弱，经济和军事控制更将无从谈起，“七王之乱”近在眼前，黄老之道确实濒临破产。

综上所述，儒家取代黄老并不是拍脑袋想出来的，是有其必然性的。

董仲舒的这项“对策”,经刘彻采纳后,立刻就成为了神圣的“国策”和有效的“良方”。大汉的车辙在这个年轻皇帝的手中大大地拐了一个弯。瞬时而起的是儒家思想一统天下的时代。

但辩证唯物主义对我们说，凡事具有两面性。

儒家这么大一统之后，人们的灵魂大部分都出卖给孔夫子了。我们居家做饭时不时的都得换换口味，何况是人们的精神食粮，所以，长此以往，人们的食欲必然减退，人们也总是在“自我”和“美德”的撕扯中挣扎，对照心中的信仰之后就立刻放弃了“自我”。

时下更流行的说法就是儒学奴性了中国人，“中国人的奴性”类似于这样的字眼也经常愤愤难平地叫嚷。

董仲舒其人确实不简单啊，但是刘彻却没有重用他，董仲舒在跟着刘彻花车游行完毕之后，就被打发到江都王那里去做国相了。这也是大部分纯书生的共同命运，但对于董仲舒未必就不是一件好事。

董仲舒一度让人们奉为圣人，一度又有人将他拉下神坛。既承担了儒学传播之父又担起了阻碍进步的恶名，其实这又有什么关系，千古功过后人评说，再正常不过了。

## 海市蜃楼

刘彻是勇敢的，因为他敢于在开朝初期就拉面旗子和太后对着干。大汉朝最有权力的祖孙二人即将上演一出宫廷夺权大戏。

窦太后毕竟比刘彻多活了两辈子，这年龄也不是盖的，一些老臣絮絮叨叨在窦太后跟前嚼皇帝不是的时候，老人家发话了，先让他折腾，看看他到底能折腾出个什么样子来。

这一句看似轻松的话其实是一句最严重的预警。这句话，刘彻当然没有听到。

刘彻确实准备撸起袖子大干一场了。

朝堂之上，刘彻俯视着脚下俯首的群臣，这些臣子的卑微越发把这个少主的尊贵衬托得膨胀发亮，刘彻的自尊心得到从未有过的满足。

怪不得谁都想当皇帝，童年让刘彻不理解的一切事情此刻都脉络清晰地连贯在了一起。

一些事情，他终于明白了，叔叔刘武为什么会和父亲有矛盾；母亲为什么时不时地就往姑姑那里跑；哥哥刘荣为什么会死。

一切的疑问瞬时揭开谜底。

死去的人就让他死去吧，那些旧人旧事就让我用今天的权力尘封在地吧！现在，只有我，只是我才是这个国家的主人。

权力、尊贵让刘彻咆哮了。今天他就要用手中的权力来彰显自己的不同。

**该去哪去哪（列侯就国）**

当时的长安城里，可谓是贵族云集，比较常见的就是封国的诸侯们。

“我上面有人”这句话便成了恐吓对方而使用频率最高的句子。

这些个贵族，吃的住的一点都不比皇上差。

刘彻对此是非常厌恶的，于是立刻颁布诏书要求“列侯就国”，就国就是回到自己的封地上去，该去哪去哪。

按理说，这也不是什么过分的要求，汉代封侯的时候，把一个县分给谁，谁的名号就叫县名 + 侯。而你就是这个县的一县之长，县中大大小小的事情都归你管。

毕竟你自己有自己的家，干吗赖在长安不走啊，但是这些个贵族可不认这个理儿，其实这个也很好理解，如果你在北京待惯了，让你回这个庄那个村的你自然也不愿意。

不到长安不知道钱少，不到长安不知道官小。列位诸侯们早就把自己的仕途计划扎根长安了，如果要挪窝，自己的那份蓝图也成了废纸一张，这赔本儿的买卖谁干啊？

**自由往来（除关）**

说起函谷关来大家肯定比较陌生，但我告诉你，这就是“一夫当关，万夫莫开”的那道神奇关口，想必大家就不再陌生了。

这个关口是我国历史上建置最早的雄关要塞之一，因其在谷中，深险如函，所以称函谷关。这里曾经是战马嘶鸣的血腥战场。

秦朝当时为了保卫首都咸阳的安全，就在此关口设了禁令，没有往来护照，你是入不了关，也出不了关的。这个规矩到了汉朝仍在沿用。

到了刘彻这里，他为了彰显汉朝的太平，下令解禁，往来的人可以自由出入。

**打报告（检举）**

被报告的对象就是宗室、宗亲，也就是那些个和上面有关系的人，说白了，就是让大家监督刘、窦两家中违法乱纪的人，这样做的目的也是为了维护统治的稳定。

**建明堂**

说起这“明堂”来，不光你不知道，刘彻他也不知道，我们现在用于表疑问的“搞什么名堂”中的“名堂”也就出自此“明堂”。

刘彻虽然年轻，但也是个好大喜功的皇帝，一心想学古时候帝王的样子，做出一番事业，流芳百世。建明堂也是为了效仿古人，用来彰显自己的尊贵，这满朝文武没有一个人能说得出这“明堂”到底怎么建，所以此事就被暂时搁置了。

以上有几项条款无疑是把那些既得利益者的蛋糕大卸八块。

分利益这块蛋糕，分多了的人自然饱食一顿，分少的人自然就会有说法。

这说法找谁说去呢？

朝中除了皇帝谁说话最算数，不用说，这个人就是太皇太后——窦氏。

于是这些个窦一、窦二、窦三就打着自己的姓氏大牌进宫去找太皇太后了。

对于这些亲戚们，窦太后倒也回答得爽快，等等吧，再看看。

刘彻新政的第一步计划似乎得到了窦太后的默许，前方看似是一片光明，但事实告诉我们，这一切不过是淹没在权力堆中的海市蜃楼。

在这场改革中，刘彻重用了两个人，一个是御史大夫赵绾，一个是光禄勋也就是郎中令王臧，这两个人堪称是刘彻在这场改革中的左膀右臂，不用说，这两个人也是地地道道的儒学派，正是这两个人充当了刘彻起跑的发令枪。一道道直指权贵的御令也都是这两个人下发的。

事实证明，跑得最快的，往往死得也最快。

改革在热闹地进行着，刘彻似乎也顾不得许多，直到有一天，御史大夫赵绾对刘彻说，近些天来，到太皇太后那里告状的窦氏血亲太多了，老太太恐怕也该坐不住了，今后朝中大事是不是不用再向东宫汇报了。

这又何尝不是刘彻心中所想啊，刘彻想当一个名副其实的大汉天子啊。不过，这句话不仅点燃了刘彻的激情，同时也点燃了窦太后的愤怒。

这件事本来天知地知，你知我知，待到朝堂一议，料他文武百官也不敢不同意，没有实现的东西我们管他叫——白日梦。

刘彻、赵绾太小看窦太后了，她在朝中几十年的积淀是不能随意忽视的，消息很快就传到了窦太后的耳朵里。

窦太后本来是想让这个她认为少不更事的小孙子试试水的，可没想到，这个刘彻还真能在水里扑腾几圈，还真能把水里这些个小鱼、虾米扑腾得着了慌。小鱼、虾米着慌倒不要紧，关键是惊扰了她这座龙王庙。

窦太后恼怒了，苍老但不乏威严的声音在空中传播："废除！"

窦太后是什么人？是三朝老人啊，别说你刘彻，就连你老子我也见过他光屁股，我随着大汉走了几十年，这大汉就是我的家，你刘彻虽然贵为皇帝，但不过也是我的一个小孙孙，没有我，哪来的你，现在倒好，你翅膀硬了，想把我扫地出门？

老虎不发威，你当我是病猫啊。

在建元新政实行的当口，窦太后开始了她的反击。

你赵绾、王臧不是要拿掉东宫的话语权吗？那好，先看看你们自己做了什么见不得人的事情吧。于是，窦太后命人暗中搜集证据来抓赵绾和王臧的把柄。

人是招架不住没事找事的，何况找事的还是当今太皇太后，于是，两人数年前的罪状被窦太后大肆渲染。刘彻被逼得没有办法，只得把这两个爱臣投入大牢。

窦太后的愤怒还没有发泄完，闹事的就这两个人吗？

不是，每天一大堆的小道消息，让窦太后这个瞎老婆子比明眼人都清楚，闹事的不仅仅是赵绾和王臧，还包括皇帝刘彻，丞相窦婴，太尉田蚡。

刘彻是当今皇上，窦太后当然动不得；窦婴又是她老窦家的人，要治他的重罪窦太后也当真舍不得；田蚡虽然不足挂齿，但他背后站的是皇太后王娡，自然也是不要轻易去惹。所以，能开刀的就只有赵绾和王臧了。

杀掉这两个人，刘彻是一百个不愿意，但窦太后的压迫一天比一天近，最后，刘彻建元新政最有力的两位推动者就这样在狱中自杀了。

丞相窦婴和太尉田蚡也被一并免了职。

建元二年，建元新政彻底夭折，刘彻立志把心中的蓝图建成一座摩天大楼，但无奈，这一切的一切最终化成了一座华美的海市蜃楼，遥远而飘渺。

我们无法解释建元新政到底是年轻刘彻的私欲膨胀，还是当时国家确有需要。

一时间的自由不过是刘彻自以为是的自由罢了，就像一只飞在天上的风筝，乍一看确实是无拘无束的，但是通过阳光的反射，我们还是会在天际下看到一根细细的线，这根线虽然细，但却是实实在在的牵扯。

何况在刘彻背后，牵线的又何止一人，这个大汉国年轻的新皇帝大大低估了这些根深蒂固的牵绊。刘彻从登上皇位那一天起，他继承的就不仅仅是一方土和一席天，他继承的还有权钱交错的脉络，还有举棋不定的犹豫，还有收放不得的外戚，还有永不宁静的边塞，还有新人的唠叨，还有旧人的叮嘱。这一切的一切都在毫无顾忌地鄙视着这个年轻的幼主，挑战着这个新皇帝的权威。

然而我们又得感谢这些牵绊，正是这些种种磨难，把刘彻磨练成一个坚韧、勇敢的君王，也正是这些牵绊，让刘彻学会了另一种强大的力量。

窦婴倒台了，田蚡被免职了，大汉朝的首脑机构空缺出来，然而这件事情不用刘彻担心，窦太后早已有人选。柏至侯许昌为丞相，武强侯庄青翟为御史大夫，刘彻选定的脑袋还没怎么工作就被彻底整容了。

这两位此时是风光无限，但是他们忘了，现今这个职位并不是当今皇帝所赐，拿着甲的俸禄，听着乙的话。有句不好听的词叫“吃里扒外”。

你们坐的不仅仅是臣子的头把交椅，还有皇帝刘彻一肚子的火气和愤恨。这样做官实在是极其不明智的。

## “邂逅”

前面的路，刘彻走得太快、太猛烈了，前朝留下的都是一些痼疾。

经过上面这一折腾，刘彻似乎成熟了，他开始尊重时间，尊重积淀，他要好好看看这个世界。

这个时候，刘彻蛰伏了，小踏步地后退是为了大踏步的前进，刘彻终于懂得了韬光养晦。

也正是这个时候，刘彻邂逅了他帝王生涯中非常重要的两个人。仔细看的话，你会发现，这小节题目中的邂逅是加了引号的，因为这场邂逅，并不是一场不约而同的偶遇。

而这其中穿针引线的正是刘彻的亲姐姐——平阳公主。王娡与汉景帝一共生了四个孩子，其中年龄最大的就是这个平阳公主，她就是刘彻的大姐。

这个时候，正是刘彻在政治上遇到阻力的时候，一个想大展拳脚的汉朝皇帝，却被一些盘根错节的利益制衡着，在这个际遇的当口，平阳这个做姐姐的看出了弟弟的忧愁。

于是姐姐请心情烦闷的弟弟到家中一叙，刘彻早就厌烦了朝中那些倚老卖老的老嘴脸，和姐姐这个平辈人接触一下，刘彻才觉得自己依然年轻。

讨弟弟欢心的依然是些老套路，但这次不同的是，刘彻从老套路中找到了新欢喜，这个人就是平阳府上的歌伎——卫子夫。

一曲唱完，刘彻早已被迷得神魂颠倒，前段时期的纷繁复杂早就让他忘记了如何欣赏美人，但是这次不同，刘彻从这个女子悠扬飘渺的歌声中听到了安详与美丽。

这个幸运的女人立刻被刘彻召幸了，这个女人虽以一种微小的姿态突然出现在我们眼前，却在日后繁衍出了很多的故事，那么，就从这里开始吧。

刘彻这次可是得了便宜，正好遇上超市活动，买一送一。

在刘彻得到了美人卫子夫之后，姐姐平阳又给他引荐了一个人，这个人就是卫青，也就是卫子夫的弟弟，刘彻把这两个卫姓兄妹一并带回了宫中。也正是这次引荐，让卫青走上了他的成长之路，最终成为大汉最伟大的英雄之一。

皇帝有了新的女人。公元前139年春，卫子夫被刘彻招入宫中。

这本不足为奇，但是当朝皇后可是那个集宠爱无数的陈阿娇啊，这个阿娇从小娇生惯养，在母亲长公主那里得不了半点委屈，在姥姥窦太后那里更是得不了半点委屈，现在你皇帝竟然放着尊贵的皇后不要，去宠幸一个卑微的歌伎。

一哭、二闹、三上吊。

如果说阿娇在皇帝面前还有一点收敛的话，那么，她在她老妈长公主那里可是想怎么闹就怎么闹。

这个长公主可不是省油的灯，女儿受了这样的委屈还了得。

好你个刘彻，你也不想想你这皇帝是怎么来的，还不是我长公主的功劳，现在你皇帝位置是坐热乎了，竟敢欺负到我头上。有你好看的。

我们再来看看卫青，他虽然在平阳公主家是个奴仆，但平阳公主对他喜爱有加，平时也是好吃好喝地伺候着，卫青这世面也是见了不少。

可一到了皇宫，卫青还是惊讶了，原来这就是皇宫，处处透露着尊贵和威严，一个个带刀武士那么威风抖擞，卫青极爱戎装，这一切让卫青着迷了。

可是不久，卫青就品尝到了皇宫的另一种滋味儿。

在一个深夜，卫青被一群身份不明的人秘密逮捕，可怜的卫青刚刚领略到皇宫的繁华似锦，就惨遭不测，让他不明白的是，他一介奴仆，身份低微，怎么会有实力惹上皇宫里的麻烦。

卫青莫名其妙地消失了，这让他的好朋友公孙敖非常着急，这个公孙敖当时是刘彻的骑郎，也就是骑兵侍从，平时，他和卫青两个人因为年龄相仿所以话题非常多，没过多久两人就成了非常好的朋友。

虽然卫青是个大男人，但是在皇宫凭空不见也真是奇怪，因为公孙敖了解卫青，卫青是一个老实、谦逊的人，不会在皇宫到处乱跑。并且皇宫不同其他地方，这里的水很深啊。

公孙敖发现了其中的蹊跷，于是带领几名壮士径直冲进囚禁卫青的地方，救出了卫青。

从始至终，卫青都被这皇宫式的藏猫猫活动搞得不清不楚。

当他坐下了认真分析的时候，终于明白了其中的缘由，皇宫里险恶的一角被卫青一点一点撕开了。这段时间对卫青的成长是非常有好处的，也正是这件事情，让初涉皇宫的卫青懂得在其中涉世的艰苦，那些平日里威风无限的武士，随时都有可能被一种软权力卸下戎装，这软权力就是皇宫中的权力更迭，卫青着实不想趟这滩浑水。

通过一系列的等量代换，我们可以推出，这只幕后黑手就是当朝长公主——刘嫖。而这起事件的缘由表面上是阿娇的争风吃醋所导致的，其实说白了祸根还是权力。

这皇宫里凡是惦记权力的人啊，时不时的都要补妆擦粉，目的是为了什么，就是两个字——权力。一桩桩被粉饰了的事件，拿水一冲，露出来的必定都是贪婪的面容。

话说这皇帝三宫六院还不正常，何况只是宠幸了一个女人，况且刘彻这个时候也没有给卫子夫名分。皇后阿娇和长公主刘嫖为什么这么紧张呢？

原因是阿娇无子。

母以子贵，这句话不是盖的。尤其是皇室的女人倘若生了个男孩，那就不是一个简单的男孩了，那男孩手里一定攥着一张长期饭票。

您又要问了，要这饭票干什么？皇宫里的人还能饿死不成？

那么，我告诉你，皇宫里的人好的不是普通人那一口，他们喜欢吃的不仅仅是富贵这号物质粮食，还有荣华这号精神粮食，再加上一个期限“长期”。这张饭票是皇宫里女人梦寐以求的。

所以，要是有个女人生儿子占了阿娇的先，阿娇就得把这长期饭票转让出去，这长公主一家可都指着阿娇这值钱的肚子呢。

现在皇帝又有了别的女人，这长公主一家能不着急吗？

长公主这一招叫敲山震虎。

我要用你卫子夫最亲的人的血做成红牌，我要让你卫子夫下场歇菜。

所以，我们平常分析历史，一定要去掉这些所谓的粉底，只有这样，你才能看到最真的发生。

长公主的如意算盘让公孙敖给打翻了，这本要算的账突然就成了一本乱账，一本难账。

卫青算是躲过了这一难。

当要找这幕后主人算账的时候，卫青发话了，他要求此件事低调处理，一笔带过不必追究了，这又是为什么呢？

前述已经说过，这件事对卫青来说不是一件坏事，因为这件事用生命给卫青上了一课，他明白，因为他的姐姐，他已经成为众矢之的，此时，唯有低调，才能顺利躲过皇宫的一切劫难。

另外一个原因就是卫青的身份，在这个震烁古今的大英雄一出场的时候，我们似乎一点也感觉不到其中的英气，不少人一定会抱怨，为什么我会把我们大英雄的出场式操办得如此简陋和谦卑。

说到卫青的身份，这是卫青为人的一个重要因素。

卫青字仲卿，山西临汾人，但是他原本不是姓卫的，他的父亲是当地的一个小县吏，被派到平阳公主的丈夫平阳侯家做事的时候，和平阳侯的女仆私通，这个《史记》里有记载。《史记·卫将军骠骑列传》记载是“侯妾卫媪”这个“侯妾”就是平阳侯府中的佣人。

卫青是郑季和卫媪的私生子，本来应该是姓郑的。但是由于同父异母的姐姐受到了皇帝的宠幸，所以卫青就用了母亲的姓。

就是我们现代人，一提到私生子也是一脸的鄙夷，就别说是古代了，卫青的童年对于他来说是一场太长的噩梦，但也正是这场噩梦，让卫青有了一种同龄人不可能拥有的坚强和早熟。

当年卫青去了郑家，郑家给了他一根鞭子，让他去放羊。他在郑家立刻深化了他奴仆的形象和命运。

私生子的存在虽然是私人的，但是所受到的歧视却是公然的。

白天不懂夜的黑，卫青在寂寞和忍耐中慢慢长大，每天躺在山坡上看着羊群在不远处吃草，流云轻轻地从他头顶上掠过，只有这安静的片刻才能唤起他少年人的短暂快乐。

快乐是短暂的，大概是一种命运的指引，卫青知道自己必须离开，虽然我是上天都抛弃的人，但我自己不能抛弃自己。

后来的事情说明，卫青错怪老天了，老天并没有抛弃他。有道是天将降大任于斯人也。

卫青长大以后又回到了平阳侯，做了平阳公主的骑奴，平阳公主对这个年轻却明理的骑奴非常赏识，也就在这个时候，卫青有了比较大的发展空间，他高超的武功和精湛的骑术也正是这个时候练就的。

单凭佣人和私通两个词，就足以磨灭这个年轻人身上的跋扈和高傲了，这样卑微的出身让卫青很早就懂得了放低姿态和用一颗平常心去与人共处。正因为这样，这件事情才会让卫青处理得如此低调。

但是英雄从不问出处，卫青正是用这种看似柔软的处事方式，保全了他神话般生涯的第一步。

这件事，让刘彻看到了长公主母子的阴险用心，他已经从心里开始抵触和厌恶这对飞扬跋扈的母女了，但是时局和面子问题，刘彻还是很清楚的，这两个女人，朕还得用。

刘彻干脆任命卫青为建章监，也就是建章宫的管理者，并加封为皇帝的侍卫。刘彻这样做的目的无疑是为了保护卫青，但就卫青的个人能力来讲，他的确不辱使命。刘彻算是捡了个大便宜。

这段故事，是卫姓两兄妹联袂主演的。

不久，卫子夫怀有身孕的消息传遍了皇宫。刘彻也把她升为夫人，卫家的好多血亲也得到赏赐提拔。

几家欢喜，几家愁。长公主一家全都记住了卫子夫。

# 奇人俱现

【第四章】

> 危险的邻居

> 张骞

> 东方朔

## 危险的邻居

前述，我们似乎一直跋涉在皇宫这潭深水的险恶之中，似乎忘记了远方一个险恶的邻居——匈奴。

险恶并没有因为我们的忽视而减弱，相反，这只大漠之鹰随时准备振翅飞过草原来掳掠大汉羔羊。

刘彻没有忘记，刘彻时时刻刻没有忘记。

对匈奴的仇恨，让刘彻有了一颗早熟的心。但现今的时局让刘彻必须选择忍耐与消沉。

因为，不管此时刘彻在大汉的舞台上唱得多起劲儿，始终都会被他的老奶奶窦太后压制下去。

这个时候的刘彻选择用另一种方式去解决这个危险的邻居。

大举攻伐显然是不可能的。原因不外乎有三。

一是因为刘彻现在太年轻，无论是国内局势还是国家情况，都不允许刘彻对匈奴的情况操之过急。

二是因为和亲政策由来已久，前述我们已经从南宫公主的事件中了解到了汉朝和亲究竟是怎么一回事了。和亲从汉朝高祖刘邦以来就被奉为谋取汉朝和匈奴之间和平的一剂灵丹妙药。

也正是因为这项政策，许多大汉的女儿从此踏上了和亲的不归路，汉景帝更是因此而失去了一个亲生女儿。

由此看出，和亲是汉朝对待匈奴的一贯政策，如果对匈奴用兵，显然就是把这种用女人换来的“和平”给毁掉了。这样一来，窦太后一定不会同意，朝中不少大臣一定也不会同意。

三是即使是打了起来，汉朝也未必会赢。高祖刘邦曾被匈奴冒顿困在城中长达七日之久，这不得不让大汉认识到匈奴骑兵的厉害。

当时汉朝经历了文景之治的平和，军队早已疲软倦怠，这对常年奔跑在草原上的匈奴来说简直是不堪一击。

一次，一位臣子向刘彻敬献了一把刀，这刀就是匈奴将领们用的武器。

这把刀锋利无比，让汉朝的剑在它面前简直变成了一段朽木。这件事情让刘彻深切地感受到大汉和匈奴武器装备的差距。

在冷兵器时代，地球上各个角落的人们在不停地厮杀的时候，唯有武器，才能成全人们心中的勇气，武器就是历史，武器就是一切。

刘彻不明白，堂堂大汉朝不管在文化还是在政治上都要比匈奴先进得多，为什么偏偏在一把刀上掉了链子。

这件事情给了刘彻很大震动，他立刻召来了大汉国最优秀的铁匠，你们要给朕研究出来这到底是什么刀，你们要给朕做出比这更锋利的刀。

经过一段时间的研究和琢磨，这把刀的检验报告出来了。

成分：精钢（目前国内并没有此技术）

产地：西域（并不是产自匈奴）

杀伤力：极强（远胜于汉朝的武器）

研制成果：不可能研究出来

这个研究报告给了刘彻不小的打击，但他得知匈奴人并没有掌握这项先进技术的时候，不禁有点暗暗窃喜，这种武器在匈奴骑兵中的应用也仅限于军衔比较高的将领，普通小卒用的也是普通武器。

另外还有一个非常重要的情报，刘彻从一个匈奴俘虏的口中得知，让刘彻恨之入骨的匈奴有一个敌人——大月氏。

说起这段梁子是久远而深刻的。

当时的匈奴首领是头曼单于，太子是冒顿。但是当时头曼单于非常喜爱幼子，想立幼子为太子。无奈人选已定，没有什么特殊原因是不能废掉冒顿的。于是，这个狠心的父皇就想出了一招毒计。

当时的大月氏国是比较强大的，头曼单于就把冒顿作为人质送到大月氏。大月氏一看，这连亲儿子都送来了，求和的心还是比较真诚的。

不料这个人品不怎么样的头曼背信弃义，出兵袭击了大月氏，他认为大月氏一定会因此杀了冒顿。

不料，太子冒顿竟然想办法逃回了匈奴，于是，头曼不仅激怒了大月氏，也激怒了冒顿，最后，冒顿杀了自己的父亲，登上了单于之位。

冒顿单于死后，他的儿子继续讨伐大月氏国，匈奴不仅杀死了大月氏的国王，而且还把他的头颅做成了喝酒的器皿。

大月氏从此对匈奴恨之入骨，一直想伺机报复，但苦于没有同盟，身单力薄。最后，只能逃往匈奴的西边。

梁子，就是这样结下的。

敌人的敌人就是我们的朋友。

一份平常的检测报告和一份平常的情报让刘彻衍生出一份不平常的构想——我要派人去出使西域，我要到达这个神秘的地域去了解那里的风土人情；我要到那里去寻找世界上最锋利的武器；我要到那里去寻找潜在的同盟；我要让我大汉的女人永世生活在大汉的国土上。

## 张骞

### （一）开路

刘彻非常喜欢一系列的选秀类节目，不仅在治国用人方面喜欢公开选拔,就连出使西域的使者刘彻也是要选的。他要选出大汉国最勇敢、最坚毅的人来完成这项伟大的战略任务。

这次的选秀不同于以往，以往选秀的奖品不仅仅是得以实现中选者心中的抱负，一并送上的还有荣华富贵。

但是这次的选秀冠军，选择的不仅仅是大汉的荣誉，还是茫茫未知的前方，是不知归期的思念，是隔绝不断的凶险。

在那个刀耕火种的年代，没有指南针，没有定位系统，更没有飞机火车，所有的探险都是靠人力去完成的，所有的道路都是靠双脚去开拓的。要选择这样一个人，要选择这样一群人，刘彻必须放眼他的大汉子民，他必须找到。

前方的路是凶险无比的，刘彻必须找到一个勇气与智慧并存的人，只有这样一个人，才会用自己的智慧带给大汉最有用的情报，只有这样一个人，才能躲过其中的险象环生。

选秀的冠军被一个叫张骞的年轻人夺去了。

这个张骞，也就是汉武帝刘彻一手打造的天王巨星。

张骞，汉朝人，字子文，汉中郡成固（今陕西省城固县）人。他早在汉武帝刘彻即位时就已经在朝廷担任名为“郎”的侍从官了。

据史书记载，他“为人强力，宽大信人”。另外，这个平凡的年轻人心中还隐藏着一种探险的勇气，他不甘心庸庸碌碌地活在长安城中，想成全自己心中的探险基因，他要做大汉国的真正男子汉。也正是这种优良的品质让张骞战胜了各种难以想象的危难，获取了事业的成功。

建元二年（公元前 139 年），张骞率领一百多名随从人员和大汉带给西域各国的礼物，从陇西出发，穿越匈奴界，开始了他伟大的探险之旅。

在这段艰难的道路上，靠的是信心和勇气这两条腿走路。

闻道寻源使，
从此天路回。
牵牛去几许？
宛马至今来。

一首唐代诗人杜甫写的《寻源使》，以此来歌颂我们远征的英雄。

想要到达神秘的西域，就得穿过凶险的匈奴，西汉的月亮，默默地随他远行，边关的雁叫，已写进凌厉的寒冷。

困难比想象中来得快得多，在穿越匈奴的时候，张骞被匈奴人抓获，匈奴右部诸王将立即把张骞等人押送到匈奴王庭。

救了张骞的是当时的国际惯例——不斩来使。张骞得以保命。

但是，这一囚禁就是十多年，深夜，张骞常常借着月光打量匈奴的营帐。也是深夜，他常常把思念故土的情伤点进烈烈的篝火。

草原征服了张骞的发肤，他的头发长了，他的皮肤糙了，原本一身文气的少年变成了塞外北风中的粗犷汉子。

但是草原却没有征服张骞的勇气，更没有征服他对大汉朝的爱。

匈奴人后来还给张骞选定了一名匈奴妻子，妄想用这种方法让张骞忘却长安的模样，让张骞忘却心中的使命。

**（二）西征**

终于在公元前 128 年，张骞带着随从逃出匈奴，然而他抛下的又是另一份情愫，他和妻儿从此也天各一方。

这是什么精神，这才是伟大的国际主义精神，这才是伟大的爱国主义精神。

张骞和他的随行人员整整向西跑了几十天，这是一次非常艰苦的前行。他们这一群人在漫漫戈壁滩上，经历着飞沙走石和葱岭冰雪。

这里几乎没有人烟，水源又缺乏，加之他们匆匆出逃，物资准备又不足。正是在这样极端艰苦的条件下，他们终于找到了一个国家。

这个国家是大宛国，张骞立刻向这里的国王说明了来意。大宛国早就听说了汉朝的富庶，很想与大汉朝互通往来，但是一直苦于没有互通的道路。

张骞的到来，让他们非常欢喜，不用他们找，这门路自己就上门来了。

大宛国给了张骞很高的礼遇，并且派给了他随身的翻译和向导。

寻找大月氏国的路途又开始了。

由于这次他们互通了语言，并且有了向导，所以很快就找到了大月氏国，一项历经十数年的使命终于要完成了，他很快就能得胜回朝，回到那片他魂牵梦绕的土地。

但是令张骞没有想到的是，大月氏的仇恨已随着时间的推移慢慢消逝了，他们对于汉朝的提议没有明确的态度。而此种态度就是一种态度。

在大月氏待了一年以后，谈判没有丝毫进展，张骞只得动身返回长安。

这次的张骞依旧没有躲过匈奴人，他又被匈奴扣留了一年。

公元前126年，匈奴因为单于驾崩的大乱，张骞乘机带着胡人妻子和向导堂邑父逃回了大汉。这也算是一个比较美满的结局。

回长安后，张骞立刻把自己这一路的点滴见闻向刘彻作了详细报告，对葱岭东西、中亚、西亚，以至安息、印度诸国的位置、特产、人口、城市、兵力等，都作了说明。这个报告的基本内容被司马迁在《史记·大宛传》中保存了下来。

刘彻听得出了神，真的是这样吗？难道真有朕不知道的地方？

中国的皇帝历来都是以自我为中心的，他们常常认为自己坐拥的天下就是整个天下，他们何曾知道，在他们之外还存在着那么多的他们。

汉武帝刘彻当时的惊讶无异于我们今天飞上了太空，在某个星球上找到了外星人一样。

刘彻听了以后非常高兴，他没想到这支射出去十几年的箭还能自己再飞回来，于是特封张骞为太中大夫，授堂邑父为“奉使君”，以表彰他们的功绩。

张骞回到汉朝以后无疑于已经成了一个“匈奴通”。刘彻多次任命他率部对匈奴作战。

刘彻似乎忘记了一个好的探险家不一定就是一个好将军。

这就好比你让一个厨子去跑马拉松。

张骞对此也确实不擅长，作战因为延误了战机被判死刑。

幸运的是当时张骞用侯爵赎了死罪，被贬为庶人。

一个历经无数的大探险家，又裸身回到了起点。

命运的起伏真是让人捉摸不透啊。

**（三）再次西征**

张骞虽然被贬为庶民，但可以说他是大汉国最不一样的庶民，刘彻还是常常向他打听西域之事。

这神秘莫测的讲述，加上心中对匈奴深刻的仇恨，一个强大大汉国的梦在刘彻心中再一次升腾。他决心要并购匈奴，扩大大汉的股份和版图。

关注国内，放眼国外。

命运又一次选中了张骞。

公元前 119 年，张骞再一次远走西域，这一次，刘彻任命他为中郎将，这一次去的队伍已经是很大规模了，总价值在几千万之上。

张骞这次出行的目的还是“以夷制夷”。这个国策的制定还是因为当年晁错的上书。

这一次，由于河西走廊已经被打通，张骞不用再借用匈奴的道路，他们顺利到达西域诸国。

对于这些西域小国来说，张骞的到来也无异于是见到了外星人。

张骞给他们描述大汉的富庶和宽厚，这些人也都是听得云里雾里的。

这事可真怨不得这些国家，因为那个年代，国与国之间交往闭塞，谁都不知道谁的存在（倒是这匈奴，承上启下，在中间谁的气儿都能通上）。这些个国家领导人们当然不能把国家利益放在张骞这个“外星人”的篮子里。所以，对张骞的请求都不敢贸然答应。

张骞也没有勉强，但是乌孙国派了向导和翻译送张骞回国（看人家那个时候的外交，多实诚），并且带了几十匹好马答谢汉武帝。

张骞又回到了长安，这一次，刘彻命他为外交部长，位列九卿。

这个舟车劳顿的英雄似乎早已习惯不了平稳，他在家仅仅过了一年多，就去世了。

张骞的两次出使大大加强了西域各国和汉朝的经济往来。西域的葡萄酒、胡桃、石榴等物产传入汉朝，汉朝好多当时世界领先的工程技术也都传入了西域。更重要的是中国柔软纤美的丝绸沿着张骞开拓出来的路，慢慢传入了西方。

我们该如何总结张骞这波澜壮阔的一生呢?

张骞，公元前2世纪，中国汉代旅行家，外交家，卓越的探险家。张骞是英雄中的英雄，是勇士中的勇士，是堂堂大汉男儿中的男儿。这么多的辞藻也无法表达笔者的敬仰之情。

在此，请我们再次向张骞致敬，向郑和致敬，向拿破仑致敬，向那些不同时空，不同国籍，却选择了共同未知的前方的勇士们致敬。

张骞墓位于张骞纪念馆中。张骞纪念馆位于陕西城固县城以西三公里处的博望镇饶家营村。

## 东方朔

### （一）找工作

刘彻喜欢海选，他认为分母越大，分子的含金量就越高，这是刘彻的一种特殊数学思维。

也正是热衷于这样的选秀活动，刘彻没少淘到宝贝。

公元前140年，也就是刘彻刚刚继位的那一年，他就举行了一场轰轰烈烈的选秀仪式，由于那次的选秀状元董仲舒太符合时局了，我们似乎冷落了一个人，这个人就是东方朔。

事实证明假如是金子的话，在田地里扔几年也照样金光灿灿。

不仅发光，还升值。

我们都知道现在的选秀节目都是个人素质加才艺表演。

可惜刘彻当时的选秀经验还不怎么成熟，忽略到了才艺表演这一项，假如是这样的话，董仲舒无论如何也不会取得头名的。

这个东方朔擅长的才艺表演就是——吹牛。

东方朔这个吹牛的功夫是用在了他找工作的简历上。

工作不难找，只要简历做得好。

## 求职简历

姓名：东方朔

性别：男

身高：九尺三（和姚明差不多）

教育经历：十二岁读书；十五岁学击剑，十六岁学《诗》、《书》；十九岁读兵法

自我介绍：本人酷毙、帅呆，目明齿白，优点无数，德才兼备

应聘职位：三公九卿，朝廷重臣

工资：面议

求职地点：长安

联系方式：让侍卫找张三；让张三找李四；让李四找王大爷；让王大爷喊我一嗓子。无诚勿扰

《史记》评之为“文辞不逊，高自称誉”。

（建议应届生勿用此种方法制作简历）

这样一份简历摆在刘彻面前，刘彻着实勾画不出这样的一个人来，我堂堂大汉国竟然有这等怪物。

好奇心驱使刘彻一定要看看这个东方朔是什么样的人，见过东方朔之后，刘彻被他的滑稽幽默所吸引。但刘彻知道这个时候他需要的是什么，所以并没有重用东方朔。不过，这份简历还是为东方朔找到了一个工作——公车署。

这公车署不是公共汽车司机，而是一个在衙门里等待皇上诏令的

下级顾问。这比起东方朔的理想职位可是相差甚远。

但总算是找到工作了。

**（二）身高事件**

教授会武术，谁也挡不住。文官会吹牛，当然进上流。

东方朔在刚刚任公车署的时候是非常高兴的，职位再小，好赖也算是个公务员吧。

可是时间一久，这东方朔就看出端倪来了，一同出山的董仲舒，看看人家的福利待遇，五险一金样样不少，过年过节发的东西更不用说了，同样是公务员，待遇相差怎么就这么大呢？

东方朔就这样被晾了起来，都快晾成鱼干了，朝廷却还没给他一个像样的官职。

他开始心理不平衡了，一天，他遇到一个给皇帝喂御马的侏儒，这东方朔就能欺负个儿小的，他吓唬侏儒说，你就快死了，你还不知道？

侏儒立刻问道，我又没犯什么法，不就是个子矮点吗？又没影响市容，为什么会死啊？

你个子这么小，种田你种不了，当官你当不了，打仗你打不了，皇帝说你浪费地球资源，还不如死了算了。

侏儒听了，也确实符合实际，这上哪说理去啊。于是害怕得大哭起来。

东方朔这时发话了，等会皇帝在此路过，你要觉得冤屈，就找他说理去吧。

过了一会儿，皇帝果然路过此处。

看到侏儒在此哭泣就下车询问。侏儒说，东方朔说皇上要杀我。

刘彻一听，认定是这东方朔在搞鬼，便问他，你欺负侏儒干什么？

这下正中了东方朔的计谋，东方朔说，这些侏儒身高不过三尺，我身高九尺三，我们俸禄却是一样多，吃的也是一样多，这摆明了不是要撑死侏儒，饿死我东方朔吗？

如果陛下觉得我还有几分才能，那么就先让我养活好自己。如果陛下觉得臣下没用，那么就罢免我吧。这样一来，也能为地球节约点资源。

刘彻听完哈哈大笑，心中的愤怒早已没有了。

东方朔也因为这次身高事件从公车署上到金马门待诏。

这时候东方朔的单口相声演绎到了群口相声，这捧哏的角儿也从侏儒上升到一个个朝廷重臣。

**（三）分肉**

三伏天是汉朝传统的祭祀之日，刘彻下令赏赐诸位大臣，大臣们都早早地来到宫中，等着皇帝的打赏。

等啊等啊，这分肉的官员迟迟不肯来，东方朔可再也等不下去了，拔出剑就在肉上来了这么一下，割完肉就马上闪人了。

第二天上朝的时候，主持分肉的官员要治他的罪，刘彻是十分喜欢他的，于是就说，东方先生，你当着大臣们的面做个自我检讨就算了。

东方朔一听就起劲了，东方朔啊东方朔，你不等皇上来分赏就擅自自己割肉，真是可恶，但是你拔剑割肉的动作是多么的英俊啊；

你自己只切了一小块又是多么的廉洁啊；

你自己一点都没吃，全数交给了老婆，你是多么地懂得疼人啊；

东方朔啊，东方朔！

这首散文诗，东方朔作得一点也没有不好意思。

刘彻此时已经笑得从座位上站了起来。

这样一次割肉事件，东方朔不但没有失分，而且得到了双倍积分。

东方朔的功夫，在于洞察，知道皇帝要的是什么，用吹牛的方式再清楚不过地告诉皇帝，我有趣，能令你开心。

东方朔确实有才，否则的话，也不会让人按上“智圣”这个大名。

汉朝有才的人多了去了，比如说才子贾谊，但是他做人太有棱有角了，年纪轻轻就被活活气死，可见才华这东西，也有它阴暗的一面，一不小心就能把人吞噬掉。

当一个人拥有了聪明才智，多少都会在乎一些脸面。

但当一个人视功名利禄为粪土的时候，他就会视所谓的脸面为粪土。

东方朔的出现，无疑给肃穆、生硬的汉朝宫廷带来了一股愉快的空气，但这些当真是东方朔的真面目吗？

这个东方先生软硬都不吃，既不图升官，也不图发财，是没人能拿他怎么样，但总得为个啥吧。

超人没变之前是个小编辑，蜘蛛侠没变之前是个小白脸。

东方朔是什么，看一件事情就知道了。

刘彻有个外甥昭平君为人飞扬跋扈，自从他娶了刘彻的女儿夷安公主为妻之后，身份更是变成了刘彻的女婿，有这双重关系护着，昭平君更加变本加厉，坏事没少做，官司没少惹。

知子莫若母，隆虑公主非常担心这个不听话的儿子，在她咽气之前，她拿出了很大一笔钱给刘彻，请求预先为昭平君免了死罪。刘彻答应了妹妹的托付。她这才安心死去。可怜天下父母心啊。

母亲过世之后，昭平君果然没让那银子浪费，隔三差五地惹是生非。最后竟然杀死了妻子的傅母，即贵族保姆。

按照汉朝的法律，杀人偿命。

于是廷尉上奏刘彻，刘彻于是和大臣们商量。

大臣们都认为，隆虑公主临死之前已经给儿子交了赎死罪的钱了，况且这昭平君还是当今的驸马，就放他一马吧。

刘彻非常悲痛，妹妹死之前把这么一个宝贝儿子交给我，我今天要判他的死罪，如何向死去的妹妹交代啊。

说到这里，刘彻话锋又一转，法律是祖宗制定的，即使是皇亲国戚也不能例外，如果今天我放了昭平君，我就无法向列祖列宗和天下百姓交代。

刘彻做了一个很鲜明的对比，妹妹的面子显然没有列祖列宗加天下百姓的大。

于是刘彻下令处死昭平君。

昭平君死了，自己的女儿也成了寡妇，刘彻禁不住悲从中来，哭了。

大臣们一看急了，皇帝那里哭了，咱们也得哭啊，刘彻那里下小雨，大臣那里就得下暴雨。

整个朝堂之上哭声一片，仿佛家家都死了姑爷，昭平君简直受到了国丧一样的礼遇。

大家都在那里下雨，唯有一个人没下，不但没下，反而还晴天大太阳。这个人就是东方朔。

他找到一个酒杯，先敬了刘彻一杯说，陛下这样的明君真是天下苍生的福分啊，赏赐不避仇人，诛罚不分骨肉，陛下真是明君。

好个东方朔，皇帝家办丧事，你却在这里喝酒，群臣中稀里哗啦的雨声忽然都停止了，大家要看看这个东方朔怎么收场。

刘彻还好坐得远，否则脸上抽筋非让大臣们看见不可，这脸上本来是哭的表情，听了东方朔一番话竟然不知道要换什么表情。

退朝，刘彻慌忙解围。

退朝之后，刘彻单独召见东方朔。质问，你刚才什么意思？什么时候该说话，什么时候不该说话你不知道啊？

东方朔赶紧下跪说，陛下，天下能解忧的只有酒，今天我看到您和大臣们这么伤心，本来是想调节一下气氛的，可惜我选错了时候啊。

刘彻能不明白东方朔心里的小九九吗？他这分明就是让我下定决心不能改口啊。

刘彻脾气变化无常，但是东方朔却能拿捏这其中的分寸，刘彻的脾气也终于像面团一样在东方朔的手中被捏得能包一顿饺子了。

东方朔不是简单的人，他聪明就聪明在这里，做事最关注的是效果，而不是其中的一己之气，在政治家的眼里，两点之间的最近距离可不是直线，走直线的人往往是要掉脑袋的。比如说，两点之间的距离是万水千山，是悠游盘旋，是压着自己的性子却摸着别人脾气的手段，这些，东方朔都做到了，但是他的结局却未必按照常理发展，因为他的主子是非典型性的主子。

东方朔虽然当了很多年的官，但从来没有到地方上去历练一下，这充分说明了刘彻对他的喜爱。最后，这位千古智圣最终没有死在刘彻的刀下。

鲁迅先生曾经说过，悲剧就是把美好的东西打碎了给人看！

我想，东方朔就是那个摔花瓶的小孩，他把快乐的东西奉上，然后摔出丑恶，摔出血性。

# 【第五章】内斗

> 结梁子

> 孤独的友谊

> 一场蓄意的谋杀

## 结梁子

刘彻的第一次发力失败了，而窦太后本来年事已高，再加上在建元新政中发力不小，公元前 135 年，这位权倾两代的老太后去世了。

皇宫中的悲喜是我们常人无法理解的另一种形式，皇宫里的新老更替也是如此的鲜明与残忍，是的，就是这样。

老太太死了。

哭的人大抵是很多的，哭腔也是多种多样的。

只是我不明白，这是节哀顺变还是顺便节哀。

皇宫里祭奠的大概也只有权力，那些哭天抢地的窦家贵戚祭奠的也只有权力，谁会认真揣摩和挖掘这个倔强的老太太带走的到底是什么？留下的又是什么？

皇宫里的哭腔是带着笑声的，皇宫的笑声又是埋下伏笔的。假如你细细听，假如你认真品，这贯穿其中的动静绝对不仅仅是几个音调，几个音符，而是一出唱满百年的巨型歌剧。

就这样，刘彻至亲的奶奶死了，刘彻至紧的枷锁却也解开了，大汉朝经历了一次谢幕之后，又拉幕唱戏了。

角落里，一双安详温顺的眼睛忽然变得犀利起来，她的目光顺着人群穿过丧布的雪白，她的窃笑看穿人们看似哀愁的眉眼。

这种暗藏悲伤中的阴郁，实在让人毛骨悚然。

一个人的死亡竟然给另一个人带来如此大的满足感，王美人丝毫没有掩饰自己的变化，甚至面具都没有撤下，雪白的丧服此时成了心中最耀眼的喜庆。

还有什么比这来得痛快。

她做蝶蛹已经做了太久了，她几欲高飞的翅膀已经快让蛹液浸染得飞不起来了，她已经习惯了低眉顺眼，她的狡猾也快随着时间的流逝而退化了，而就在这时，这一切的一切随着一个人的死亡都悄然远去了。

死人的魂魄还没有走远，活人的上位炒作就已经开始了。

刘彻经历过亲情的悲喜之后，很快换上了他的帝王面具，之于历史，之于一个国家，这不是残忍，而是一种最为直接的节哀方式。

这看似悲伤的下面隐藏着千奇百怪的情绪，倘若人们真的悲伤，祭奠的也是那逝去的权力吧。

丞相许昌，御史大夫庄青翟是此时最为紧张的人，他们的胆量早就拿给窦太后做陪葬了，他们两个身上重要的官职已经成为了悬在他们头上的剑。

此一时彼一时，出来混，迟早要还的。这应该是当初他们想到的，但他们没有想到刘彻的速度会这么快。

这两个人很快就被一个搞笑的罪名整垮了，这个罪名就是“治丧不利”。这丧指的当然是窦太后的丧了，这两个人明明是窦太后的人，却连自己主子死后的事情都没办好，这其中的蹊跷让我们自己去想吧。这两个自以为聪明的糊涂官被刘彻炒了鱿鱼。

丞相、御史大夫两大肥肉的香味招惹了不少人。

其中哈喇子流得最长的就要数田蚡了，想当初他是能做丞相而不得不出让，现在坐庄的东南西北轮流转，怎么也该轮到他了。

我们还记得角落里那个女人和那道眼神吧，没错，她就是王美人，也就是刘彻的亲妈，她用非常高调的态度回应了外界——大汉国现在的皇帝是刘彻，刘彻却是我儿子，亲儿子。

所以，谁是我的红人，谁就是大汉国的红人。答案可想而知，田蚡真得感谢他有个好姐姐。

田蚡可是如了心愿，终于当上了大汉国的丞相。

对王美人这种回应第一个有反应的也就是他亲儿子——刘彻。对此，刘彻仅是反应而已，他没有太多的不解，因为他了解到了权力的魅力。母亲的转瞬变脸也让刘彻进一步认识到了这个叫母亲的人。

刘彻顺从地把丞相的位置交给了田蚡，这似乎是一出皆大欢喜的戏曲，一家人经历了种种磨难，终于该主演的主演，该上位的上位。

让我们今后高举勾结的双臂吧。

某些人心中举行的这次勾结的盛宴刘彻并没有参加，他上哪里去了？

他思考去了。

刘彻顿悟了，此时的此时，他成了真正意义上的孤家寡人。

就在某一刻，站在同一战线上的战士就要各奉其主，但这些主子却都供奉同一尊神明——那就是权力。

刘彻的态度决定了这注定是一出历史剧，而不是家庭肥皂剧。他不会让大汉国的辉煌和刘家的威严随着一些外戚野心的泡沫而化为乌有的。

于是，他提拔了一个人。

这个人就是我们早先提到过的韩安国。那个时候我们给他下的定义是：能知窘境而不窘也，大丈夫也；能忍者，大智者；能知锋芒而不露也，大权谋家也。

正是这个人，此时来到了刘彻的身边，也正是这个人做了权力天平中一个最重要的砝码，刘彻交给韩安国的绝对不仅仅是一个御史大夫的头衔，交给他的是远远多于这个头衔的权力，因为这样，刘彻才能觉得这个人是自己亲命的臣子。

刘彻在田蚡身边安插了一双警觉的眼睛。

韩安国，你不需要有什么背景，你不需要和谁打好关系，因为你有的是权力，因为你的后台是朕。

两处要职已经有屁股坐了。现在我们给大汉朝的权力部队来一个大阅兵，突然我们会发现少了一个人，这个人就是窦婴。

想当年，窦婴是和田蚡一起被扫地出门的，现在田蚡又恢复了以前的富贵，那么窦婴哪里去了？

答案简单得很，出来混的人，谁都不是单枪匹马的，一荣俱荣的道理我们都知道，只要出了名，你会发现你的亲戚成几何速度增长，所以，每一个外戚能臣背后站着的人都不少于一个团，每一个外戚能臣背后织成的网都不失色于一只蜘蛛。

中国历史上皇帝身边一般都会有两大势力，一个是宦官集团，一个是外戚集团。这两个集团虽然名声相差很远，但是实力却不分上下。这两者在经历了各朝各代的风风雨雨之后，变的是人员，不变的是一直在勾心斗角。

我们先来解释一下外戚集团。

外戚分皇帝老妈派，也就是母党，还有皇帝老婆派（一般是皇后），也就是后党，汉朝为什么这么惧怕这个外戚呢？原因还是那个吕后（这个吕后当真是影响了汉朝统治者的人生观、价值观）。

当年高祖刘邦一死，他的老婆吕后就开始掌控朝权，肥水当然不流外人田,她先是把几个兄弟侄子封王拜侯。可惜的是这几个人能力有限，最后还是被灭门了。但是这一干人等还是把大汉朝搅了个天覆地翻。

窦太后，就是刚刚死去的这个老太后，她在本书中的曝光率也是非常高的，她的意见和脾性影响着景帝和武帝这两代帝王。

其实，相对于后来兴起的宦官集团，外戚集团还是有很多英才的，而且很多人为朝廷也建立了不少功勋，比如说卫青，这个人就是真正的大英雄，如果一味地拿她姐姐炒作，那就是对他的侮辱。

这个窦婴功绩虽然不及卫青,但也算是英才中的一个吧。这个窦婴，政治见解与已故老太后基本上是两个方向的，他自己的才能确实也不低，但他荣辱皆因姓，毁就毁在他的姓氏上。窦老太太走了，窦婴作为窦家最大的旗子当然得被换下来。

为官者，大都经历过受人追捧和遭人冷落的场面。在台上时，往往一呼百应，捧者如潮，要风得风，要雨得雨。一旦丢掉乌纱，或解职归田，顿时人走茶凉，门可罗雀。这是一条很普遍的官场法则。古往今来，莫不如此。

刘彻这样做的目的无疑是拆窦家最后的后台，窦氏兄弟姐妹们，老实儿待着吧。

然而窦婴这面旗子的退场方式却不仅仅是这样简单。两股势力的恶斗又在以另一种方式延续着。

窦婴田蚡这两个八竿子打不着边儿的人，还是多打了几竿子，非得结上梁子。

我们前面已经说过，窦婴这个人是非常性情的，他的血性性格在汉朝重臣中非常显眼，冲动是魔鬼这话一点都不假，正是因为这个血性冲动的性格，让窦婴最终走上了一条死路。

这件事因一人而起，这个人就是灌夫。

偶像的力量是无穷的，窦婴非常崇拜春秋战国时期的信陵君，这个信陵君是因为“散财养士，门客三千”而出名的。

这门客也按其作用不同分为若干级，最低一级只到温饱的程度，最高级别的门客则进门有肉吃，出门有轿车。

窦婴也效仿此法，但他窍门没有掌握对，“门客”培养成了“食客”。

他富贵的时候，门客大多是最高级别的，待遇好了，巴结的人自然也就多了。可这些门客头上是长风向标的，这风向一转，也都立马掉头拐弯了。

这些个白吃白住的东西，翻脸比翻书还快，窦婴百感交集。

## 孤独的友谊

在窦婴垮台之后，唯独这个灌夫仍然每天不间断地上门拜访，两颗孤独的心在特定的情势下，在特定的温度下坚定地结合了。

灌夫何许人也?

这个灌夫原本姓张，他的父亲是张孟，这个张孟曾经是刘邦时期武将灌婴的门客，两人私交甚好。于是，张孟就寻思着沽名钓誉了，把自己的姓氏干脆改称灌了。

为了名声抛弃了祖宗不只十八代，也真有他的。

很快，“七王之乱”就发生了，这个灌孟和儿子灌夫作战勇猛，总是出现在最危险的地方，最后，灌孟光荣地战死沙场。汉代当时有一个规定，父子同时参军，如果其中一个死了，那么另一个人可以护送灵柩回家。

灌孟死了，悲伤的灌夫本来应该带父回家。

但是这个灌夫和老子是一个脾气，他慷慨激昂地表示，希望斩取吴王或者吴国将军的头，来替父亲报仇。

于是灌夫换上戎装，召集了军中素来与他有交情又愿意跟他同去的几十个勇士直奔吴国大营。可是，还没到门口，一多半人已经被吓得腿软了。最后只剩下一小部分人愿意和他前去。他们骑马飞奔冲入吴军大营，杀死杀伤敌军几十人。灌夫身上十多处受重创，但最终还是全身而退。

等到灌夫的创伤稍稍好转，他立刻向将军请命要再次前往。将军认为他勇敢而有义气，这样一个模范典型性的人物，将军很怕他战死，于是便向太尉周亚夫报告,周亚夫也坚决阻止了他。待到吴军被攻破时，灌夫也因此名闻天下了。

景帝知道他的事迹之后，也觉得他是一个英勇之士，因此任命他为中郎将。

到了武帝刘彻继位的时候，起用灌夫为淮阳太守。

当了太守酒桌上的事情难免也就多了，但偏偏这个灌夫的酒品又不好，喝完了酒就撒开了闹。并且他这个人有一个非常奇特的特点，就是嫌富爱贫，您没看错，我没有写错字，他就是喜欢贫贱的，讨厌富贵的，简直满脑子仇富思想。

意识决定行为，他的行为终于惹怒了权贵，灌夫屡次犯错，刘彻忍无可忍，免去了灌夫的官职。

和窦婴结为忘年之交的，也就是这个灌夫。

不怕虎一样的敌人，就怕猪一样的队友，后来的事情，窦婴万万没有想到。

要说这两人还就是王八瞅绿豆对上眼了，您一定不服气。

这其中的裙带关系说白了其实还是权力。

窦婴还是有权力的，只不过是过气的权力，现在兴有人炒期货，就不兴人家灌夫炒权力了？

在灌夫看来，窦婴只是暂时倒台，他必定有东山再起的一天的。

灌夫的判断其实是正确的，窦婴的确有这个实力，可重要的是有你灌夫在，有什么实力也白扯。

这一对怪异的组合终于导致了最终的悲剧。

灌夫的姐姐去世了，服丧期间，他去拜见当时的丞相田蚡（可见此时，灌夫的非典型性性格有所扭转了）。田蚡看到这个倒霉蛋讨趣地说了一声，本想和你一起去老窦家喝酒的，但你在服丧期间，真是可惜啊（汉朝规定服丧期间不得饮酒）！这本是一句虚伪之言，说的人说说，听的人听听也就罢了，可没想到这灌夫竟然答应了，田大人既然愿意拜访窦婴，那我们明天一早就去吧。

两个过气的人,似乎能向田蚡借个火了。这两个人的热情并不是天真,而是思谋着东山再起,在这里我们再次感叹,权力能改变一个人的心性啊。

这两个人立刻大操大办，等待着田蚡的到来。

左等右等，怎么也等不到这个田蚡，这是怎么一回事？窦婴立刻派人到田府打听。

一打听才知道，这个田蚡原来是在睡大觉呢，最后去是去了，灌夫对这个迟到的人冷嘲热讽。最后气氛搞得很不愉快。

田蚡自然知道这其中的文章，过气权臣向他如此屈尊，他的自尊心得到了极大的满足，但是他仍然不肯罢手，他要好好整整这两个家伙。

那个时候，田蚡也有个门客，田蚡一高兴就许下了赏赐这个门客一块地，真是大方啊，不是自家的地当然大方了，原来田蚡让这个门客向窦婴讨要土地，这下可把窦婴气坏了，灌夫更是火冒三丈，破口大骂田蚡。

至此，田蚡和窦婴的脸皮正式撕破。

一场巨大的谋杀也开始了策划。

## 一场蓄意的谋杀

此时，田窦两家势力的悬殊已经是非常明显了，但是灌夫为什么敢如此冒犯田蚡呢？

这其中大有文章。

灌夫手里有料，这料不是一般的料，可以要田蚡一百次的命。

原来刘彻继位的第二年，深得窦太后器重的淮南王来到了长安，这个淮南王就是汉高祖刘邦的孙子。

窦太后为什么这么器重这个淮南王呢？原来这个淮南王和窦太后政见一致，他信奉的一套也是黄老学说，并且还结集出书了，题目就是《淮南王书》又称《鸿烈》。这在刘彻大搞儒学的时候尤其难能可贵。

这一切全让田蚡看在眼里，这个时期是田蚡事业的飞跃时期，他需要大量的人脉来丰满他的羽翼，对于淮南王这个红人他自然不放过。

但田蚡还是嫩了点，三下两下就让人抓住了把柄，原来田蚡为了巴结淮南王曾经说过，您是高祖的亲孙子，万一今天的皇上有什么三长两短，能接手大汉江山的也只有您了。

想要为官，先把口关，田蚡这是犯了做官的大忌，你议论人不说，议论的还是当朝皇帝，这句话一听都是杀头的罪。

这句话正中了淮南王的下怀，这个淮南王来长安可不是为了拜见老太太的，他也是瞅着皇位来的。

顺便说一下，现在崇尚瘦身减肥的女人们都应该感谢一下这个淮南王刘安，因为减肥上品——豆腐，传说就是他发明的。

天下没有质量好的墙，很快这件事情就外流出去了，灌夫就是有幸拿到这一手资料的一个人。

田蚡也不是没有灌夫的把柄，灌夫的家人性格一脉相承，都十分霸道，在他们的家乡堪称一霸，当地百姓非常痛恨他们，这个时候正好赶上武帝的严打时期，田蚡自然要拿这个事情说事。

如果说灌夫是鱼肉百姓，随便拿百姓炖个鱼汤的话，那田蚡下锅肉的就是刘彻，他炖的可是龙汤。

这两个人把柄的分量简直天壤之别。灌夫那个顶多也就是一个带有黑社会性质的犯罪团伙，田蚡这个可是一百个脑袋都不够砍的谋逆大罪啊。

田蚡消停了，自己一时的口舌之快成了他此时的心头大患。

田蚡的消停并不是妥协，而是要谋划一场更加天衣无缝的谋杀。

古往今来的不少事情都是出在饭桌上的。

田蚡看似是顾不得杀人了，因为他开始忙着结婚了。

当今丞相，皇帝的舅舅，太后的弟弟结婚可绝不是一件小事情，公元前131年，王太后下诏，要为弟弟田蚡举办一场盛大的婚礼，要求长安的诸侯、大臣都必须参加。

这窦婴虽说免了职，但毕竟还是诸侯，这婚宴也必须得去了，于是窦婴也撺掇灌夫一起去，灌夫坚决不干，前晌才和他大战了三百回合，后晌就让我给他上礼去，我才不去呢！

窦婴就这么一个能说上话的，于是把灌夫生拉硬扯地拽了去，这一拽，也把自己拽上了阎王殿。

说这段故事之前，我先给大家解释两个官职术语，避席和膝席。

避席，敬酒时，被敬酒的人都要离开席位以表示对敬酒人的尊重。这是什么意义上的礼遇，我们拿一个可以比较的数据，普通敬酒一般是以三杯为度。这已经是很有礼貌了，可是避席就需要你一个人喝酒其他人连看都不能看，由此可见，这是相当高的礼遇了。

膝席，跪在席上，直起身子。相对于避席，膝席的礼遇是差得远了。

婚宴开始了，先是田蚡开始敬酒，大家连忙"避席"，田蚡是当天的新郎官，又是太后的红人，这种礼遇无可厚非。

等到窦婴敬酒的时候，在座的人却都没有避席，只是膝席还礼，这窦婴也默默接受，世态炎凉就是如此啊。

到了灌夫敬酒的时候，礼遇更是差劲，这两件事情让灌夫火冒三丈。但田蚡的身份让他保持了清醒，他还是没有发作。

到了灌夫敬他一个同姓兄弟灌贤酒的时候，灌夫见他神情也很是怠慢，并且时不时地和邻座的程不识交头接耳。这个可让灌夫有说头啦，他把前面的火气一股脑全都发在了灌贤头上，灌夫大骂，你这个无耻小人，平日里和我说多么多么讨厌程不识，现在倒和他窃窃私语了。

这分明就是找茬，但是我田蚡找的就是你找茬的茬。

程不识倒无关紧要，最重要的是他的身后站的是李广，飞将军李广当时是皇家警察，直接给皇帝办事的人，这是第一出茬。

第二出茬就是田蚡的必杀，今天的婚宴是王太后组织操办的，你却在这里破口大骂，简直是对王太后的大不敬。

一场热闹的婚宴立刻转战成口舌战场。

话说这挨过烫的小孩都应该躲着火，唯独这个窦婴和灌夫，还是要一如既往地玩下去。

争吵不断升级，这便是田蚡给灌夫下的一个又一个的套。

等到灌夫钻进最后一个圈套的时候，田蚡一声令下，来啊，将这个对太后大不敬的忤逆小人拉下去。惩戒最后升级到株连九族。

此时的田蚡相当冷静，他预谋的事情并不是逞一时的威风，他要的是灌夫的命，他要的是夺回自己在灌夫手中的把柄。

窦婴一看，这下不得了了，喝一个喜酒最后把灌夫九族的命都给喝进去了，窦婴立刻向刘彻求助，灌夫这个人千错万错，实在是酒多坏事，罪不致死啊。

刘彻这个时候是站在窦婴一边的，但惹的人毕竟是太后，所以刘彻就想了一个“东朝廷辩”的办法。这东朝就是王太后入住的东宫，也就是召集群臣让大家说说各自的意见。

这次廷辩的主角就是从前的老少组合窦婴和田蚡。

田蚡对灌夫的罪过自然不会松口，一直咬着灌夫的嚣张说事。

按说此时的窦婴是不应该占下风的，因为他手里有田蚡的把柄啊，让人迷惑不解的是窦婴竟然没有把这个拿出来说，大概他以为这次的事件就是田蚡的小人之心，没曾想过田蚡这次起的是杀心。

这次的廷议是越议越糊涂，烫手山芋最后又轮到了刘彻手中。

这时候王太后出现了，母亲受了奇耻大辱，你这个做儿子的竟然还要考虑。王太后绝食抗议。

他们窦家想当年是何等的威风，可现在是我王氏入住东宫，他们现在还是这么嚣张跋扈，等到以后我死了，能有我王家人一天的好日子吗？

事情最怕的就是上纲上线。

刘彻没有办法，最终不得不把窦婴也投入大狱。

这个窦婴就是在进入监狱的那一刻也没有想到事件的可怕，因为他有恃无恐，他认为他没必要靠揭别人短来取得先机，因为在他手中，有一件秘密武器，这件秘密武器比任何把柄都来得权威、来得正派。

这件秘密武器就是先帝刘启的遗诏。原来先帝在临死前为了保护窦婴，曾经给了窦婴一份遗诏，遗诏的内容是，事有不便，以便宜论上。

读了这么多历史，我们当然知道皇帝钦赐的这“便宜”两字有多大威力。

我窦婴现在只需要奏明圣上，让他看到先帝这份遗诏，事情一定会有转机的。

刘彻本来就不想杀窦婴，一听窦婴有文件，立刻让他呈上。

景帝当年留下遗诏本来是想保护窦婴的，没想到就是这份遗诏，最后却要了窦婴的命。

当时汉朝核对遗诏的手续是比较繁琐的，皇帝亲自颁布的诏书必须在皇宫中存档。但是窦婴此时的这个遗诏在皇宫档案馆里一查，没底。

这下事情可闹大了，这遗诏没底就意味是伪造的啊。窦婴此时身在狱中真是百口难辩啊。

这其中的猫腻，我们稍加分析就可以知道，窦婴当时怎么可能会拿一份假的遗诏出来保命。而且田蚡当时是丞相，找东西不容易，丢东西还不难吗？丢一个遗诏的副本还是非常轻易的。

刘彻也看出这田蚡非得治窦婴于死地了，就任他去吧。

公元前 131 年，灌夫以大不敬罪被处死。

几个月后，窦婴以伪造遗诏罪被处死。

这灌夫死得莽撞，这窦婴死得窝囊。

两代外戚的局外较量终于落下了帷幕。

这场斗阵其实没有真正的胜利者，窦婴、灌夫自然是赔上了自己的性命，但是这件事情也让刘彻更加厌恶田蚡。

刘彻凝视着这个相位，的确，丞相的权力太大了，这也让刘彻嗅出了其中的危险，也给他日后削弱相权有了政治理由。

做皇帝的，智商不是最高，身高也不是最高，但站的地方却是最高。

鹬蚌相争，渔翁得利。

此时的窦田两家根本没有什么真正的胜利者，胜利的只有刘彻。刘彻就是那个数钱的渔翁。

至此，朝中两大豪门基本清除。

# 【第六章】

# 这个天下，我说了算

> 迟来的爱

> 叫板

> 权力的蛋糕

## 迟来的爱

朝廷的狠角色一个接一个地退下了，刘彻眼底下这些个杂七杂八的也该重新洗牌了，朕的女人要自己选，朕的臣子也要自己选。

建元元年的时候（公元前 140 年），刘彻来了个“超级才子”的海选，由于其门槛较低的参赛方法，因而老少皆宜。

大汉国第一次来了个栋梁大展示，各路神仙各显神通。

电视节目看多了，有的节目就爱拿年龄说事，要不您就使劲往大里长，要不您就使劲往小里缩。反正怎么不合乎逻辑就怎么来，观众都想看个新鲜。

今天汉朝这事儿啊，也新鲜。

一老头出位了。

一个 60 岁的老头，过自己知天命的年龄已经十年了，不知道十年之前他有没有算到这迟来却丰厚的一切。

这个老头叫公孙弘，就在这一年，他的家乡推荐他去参加海选。

到了这把年纪还有勇气扑腾，在古代人平均寿命都远低于今天的情况下，这无疑是一场蔑视衰老的行为艺术。

幸运的是，公孙弘被选中了，同时被刘彻任命为博士（汉代官职），公孙弘没嫌自己老，刘彻也没有嫌他老，公孙弘出任博士不久，刘彻就让他出使匈奴，然而回朝之后，刘彻却对公孙弘老气横秋的汇报十分反感。

其实，这也怨不得公孙弘。假如说两年一代沟的话，那么刘彻和公孙弘之间隔的可是万丈深渊啊。

识趣的公孙弘看出了刘彻的不满，马上借口生病，辞官回家了。

这一晃就是十年，十年之后的公元前130年，刘彻又开始寻找大汉朝的有才之人了，公孙弘的家乡这一次又让七十开外的老公孙重返政坛。

老将又出马了，公孙弘以他七十年的阅历写成了文章，这七十年的岁月确实够重，这篇厚重且有底蕴的文章被刘彻排在了第一位。

这位公孙老先生不但文章写得好，对美容养生一定也深有研究，他深得刘彻喜爱的原因除了那篇第一名的文章之外，还有外在的容貌，恰好这个公孙老头就是越老越有文化，越老长得越帅。

史料对他的记载是恢弘奇伟，美姿容。一个又老又帅的才子实在是让人难以想象。

人说六十是耳顺之年，意思就是人到了六十岁的时候听别人的话就可判断出真假。公孙弘带着这份时间给予他的特异功能披挂上阵了。也就是这一次的老将出马一直让公孙弘战斗到了战士的最高荣誉。

当时汉武帝刘彻采取的治国理论是董仲舒的儒家思想，儒家思想的精髓就是仁政治国。

就从这里面我们看出了名堂，什么名堂？

刘彻这个人的性格我们还是比较了解的，他是一个拥有雄才大略且野心勃勃的帝王，仁政治国显然不是他的风格。但是刘彻读秦史读得比较多，他不想和秦始皇一起背上暴政的骂名。

怎么样才能让天下百姓老老实实顺从我的统治呢？

再说得通透点，就是中央忽悠百姓，让他们一边被朝廷压榨，一边还要发自内心地感恩："皇恩浩荡！万岁万岁！"

所以，儒家思想根本就是一个幌子，外儒内法才是刘彻统治的手段，他非常希望有这么一个人能帮助他粉饰这一切。

这个人选就是公孙弘，公孙弘在没有入朝为官之前也是有正当职业的，他的职业就是监狱里看犯人的狱吏，职位虽小，但编制属于司法部门，所以他对汉代法律的理解是非常直观和深刻的。

最重要的是公孙弘在大概四十岁的时候学习了一本叫《公羊春秋》的书，这是一本儒家的经典著作，这也就是说，公孙弘可以上通儒下通法，不仅通，而且可以互相翻译与借鉴，这样笼络的人就多了，大家都在模棱两可中坚定着自己的坚定。

刘彻为自己找到了最好的化妆师。

这个化妆师不但帮着刘彻化，在自己身上下的工夫更是不少。

作为帝王臣子，拥有一套面具不足为奇，特殊事情特殊对待，遇到突发情况抄家伙找面具的人不在少数。学问就在于这换面具的功夫和火候，大家看过川剧中的变脸吧，公孙弘的功夫与之不相上下。

刘彻在朝堂之上经常问臣子，ABCD 到底选哪个？

选秀节目看得多了，评委评论也就听得多了，我们大家最为熟悉的就是某个评委把 ABCD 几个选手轮番夸一遍，总而言之，言而总之，实在是都挺好，那么决定权就交给我们伟大的观众了，评委不傻，得罪人的活他不干，谁也惹不起观众，交给观众好了。

评委就是公孙弘，观众就是刘彻。

刘彻的疑问在毫无意义地周旋了一遍之后又回到了自己的手中，而此时的刘彻表情已经变成了大彻大悟了。

## 叫板

公孙弘的这个功夫让不少大臣吃尽了苦头，但是大多数人敢怒而不敢言，毕竟人家皇上都没说什么。

你公孙弘不就年纪大点吗，不就长得帅点吗，不就懂点法律吗，不就学过点儒学吗。

发出这四个大大的“吗”的人就是汲黯，这个人在刘彻政府中担任主爵都尉一职，这个人是有名的刺头，他的刺也往往是指向那些在朝中不干正事，不可一世的高官侯爵的。

当年王太后的弟弟田蚡当丞相的时候，为人骄横，目空一切，大臣们给他的礼他多数不回。罢了，罢了，谁让人家是太后的弟弟，皇帝的舅舅呢？但汲黯不管，看不惯就是看不惯，所以，每次见到田蚡的时候，汲黯只是见而不拜。

就连皇帝的亲戚我看不惯也要说道说道，别说是你没什么背景的公孙弘了。汲黯早就看不惯这个老家伙的虚伪嘴脸了。

一次，汲黯趁着刘彻和公孙弘都在场的当口把话说明白了，这个公孙大人，嘴里一句实话都没有，在开会之前和我们说得好好的，大家意见也都一致，但一到了朝堂之上，他立刻出尔反尔，这也太不忠诚了。

话是撂下了，怎么着，你看着办。

汲黯这番话，无疑是一颗重磅炸弹在朝堂炸开了花。

朝上的臣子心里的小鼓忽然让汲黯这个大喇叭给喊了出来，而且还是高音的。

汲黯立刻得到众大臣的眼神支持，也只能是眼神支持而已，敢说话的也就汲黯了。

公孙弘一时间成了众矢之的。

汲黯等着他的回答，群臣等着他的回答，刘彻也等着他的回答。

功夫不是盖的，七十多年练就的脸皮质量不是一般的好。

公孙弘出奇的冷静，他没有反驳，只说了一句“夫知臣者以臣为忠，不知臣者以臣为不忠”。意思就是了解我的人认为我忠诚，不了解我的人认为我不忠诚。这句前后对仗工整的文学话立刻让刘彻放下了对公孙弘的防备。

皇帝的心思有的时候真的是很难猜，有的时候，你没有错，他千方百计也要找错，有的时候即使别人揭发出来的错，他也完全忽略。

这次以后，汲黯并没有放弃拆穿这个老狐狸的努力，上一次的公关危机被公孙弘很文学地躲了过去，对于嫉装如仇的汲黯来说，这次是不会放过他的。

汲黯很会找地方，专找那种没有缝的地方，这一次也是在朝堂之上，众目睽睽之下。

公孙弘此人是出了名的节俭，虽然位列三公之一，年薪也属于钻石领一族，但是平常做派非常穷酸，汲黯就拿这个说话了，你公孙弘每年拿的俸禄比谁都多，但平时装得比谁都穷，盖的被子还是布被子，让人知道了还以为朝廷拖欠你工资呢，我汲黯可不认为你这是节俭，明明就是摆样子，伪君子。

刘彻一听，急忙点头，是啊，他干吗这么虐待自己啊，老都老了，莫非他老有所谋？

公孙弘再一次迎来了他的公关危机。

满朝文武都肃静了，大家倒要看看公孙弘这次怎么收场。

公孙弘还是一副老样子，不紧不慢地说，汲黯说得没错，看来在九卿之中，还是汲黯最了解我，我虽然是政府高官，工资拿得也不少，盖的却是布被子，确实是我有所图，我图的是一个清廉的美名。但是这些和辅佐皇上有关系吗？前人管仲豪宅不少于三处，平时的做派更是可以和他主子相比，但是他仍然辅佐了齐宣王成就了一代霸业。前人晏婴的饭桌上从来就不多见肉，他老婆穿的衣服也和平头百姓一样，但最后还是成为一代良相。

所以说，臣子的生活水平和状态与能不能辅佐好皇帝并没有关系吧。

临了，公孙弘还不忘赞赏汲黯的忠诚，这样一来，倒显得汲黯斤斤计较没有气度了，汲黯彻彻底底地做了一笔赔本的买卖。

公孙弘这次声东击西的辩解当然得到了刘彻的理解，一方面他大方地承认自己确实在沽名钓誉，另一方面他又表明了自己能辅佐好皇帝的决心，刘彻当然买他的账。

经过这两次近距离的过招，汲黯更加深刻地了解到公孙弘的功力，年龄不是盖的，和这样一个人同朝为官自己要学的东西还有很多。汲黯明白，公孙弘笑脸如花的外表下藏着和他年龄一样多的阴谋。

一个阴险的人对你笑，这就是最大的危险。

这个时候，和汲黯一样感到危险的人还有一个，这个人就是主父偃。

这个主父偃是什么人？

## 权力的蛋糕

这个时候的公孙弘凭着老谋深算已经当上了刘彻的御史大夫，而主父偃仅仅是个郎中，这个郎中可不是医生，而是汉代的一种官职，官不大，但人才辈出，比如说樊哙、灌婴、韩信。大概就相当于中央政治局智囊班子的成员吧。

主父偃和皇帝刘彻打个照面是常有的事儿，但官位相差悬殊的主父偃怎么会入公孙弘这个老三公的眼呢？

这梁子原来是因为设立朔方郡一事而引起的。

公元前 127 年，卫青在和匈奴的战争中取得了前所未有的成绩，也正是因为这一仗，水草丰美的河套地区划入大汉的领地，这里可曾经是匈奴部队的大后方。主父偃因此提出一个大胆的建议，在河套地区设立一个地方郡，如果大汉能在这一带发展农业，那么在和匈奴的战争中就不用再千里迢迢地从内地运送粮食了，既节省了时间，又节省了金钱。

这么一个慷慨激昂的大胆设想立刻引起了刘彻的兴趣，他马上转给大臣们朝议。

但这个建议被大臣们定义为中听不中用，其中反对最为强烈的就是公孙弘，他的理由是当年秦朝调动三十万人力建筑郡城都没有成功，我们为什么要再去重复这件事呢?

懂点历史的人都知道，公孙弘的这句话完全是胡扯的，秦朝在河套已经建立了九州郡。以公孙弘的学识，他离秦朝总比我们离得近，可为什么还会出错呢？有道是兔子急了也要咬人，这只老狐狸着了急难免会胡说八道。

最终，刘彻还是拍板同意了这个大胆的想法。

朝堂之下，一个老朽深沉的咒怨也开始发作，虽然毫无声响，但力量却异常强大。主父偃大概也没有料到，这次因公而起的争执会让他背负上一个这么深沉的咒怨。

自此以后，主父偃深得刘彻的喜爱，刘彻有什么大事也都愿意和他商量。

和皇帝的数次亲近之中，主父偃越来越了解刘彻的想法，于是一个按刘彻的风格打造的重大方案提出了，主父偃对刘彻说，以前古代的诸侯国方圆大不过百里，控制起来是非常容易的，但是今天大汉的诸侯国动不动就是城池几十座，土地几千里。

这么大的林子，有想法的鸟人自然也多，一旦他们形成合力，一定会威胁到您今天的统治。当然，这个问题先帝早已想到，但是手段过于强硬，操之过急，所以才会引起七王之乱。

当今的诸侯王，都是生育大户，兄弟和儿子动不动就有十几个，有的甚至几十个。但其中能世代得到封地的也只有嫡长子。

说了这么多，我的建议就是陛下如果能下一道诏令，推广恩德，也就是要求那些有封地的诸侯们把自己的封地拿出来,分封给子孙。这样，封地这块大蛋糕就会让他们越分越小，但名义上却也没有减少他们的土地。

这个办法一定会得到那些没有封地的诸侯们的赞成，而且那些有实力和中央对抗的诸侯们在分完封地之后力量也被削弱了。这就是雨露均沾，化整为零。

以上主父偃说的洋洋洒洒一大篇就是历史上著名的推恩令，主父偃这次用的力道正是四两拨千斤之术，刘彻的一个心头大患就在这力道技巧中被逐步化解了。

削藩令的直接结果就是制造出了很多地主，这些都是必然现象，藩王变封王，封王变地主，变成地主了，刘彻也就放心了。

这个时候的公孙弘已经是三公之首的丞相了，这位平民丞相最终还是走到了荣耀的顶峰，然而年华的逝去一点都没有磨灭这个老叟的心思，公孙弘的野心和他的年龄一样疯长。

这个时候，我们玩的是打地鼠的游戏，谁出头我打谁，这一次，出头的是主父偃，主父偃两策妙计已经加倍巩固了他在刘彻心中的宠臣地位，公孙弘不得不承认，主父偃缺少的从来不是才华，而且他还拥有公孙弘再不可拥有的年轻，也正是这两点，让这个早该平心静气享受晚年的老头又闻到了威胁的血腥味儿。

在公孙弘恨得咬牙切齿的时候，机会来了。

从以上几件事可以看出，主父偃是很有才华的，但是我们对他的人品却没有加以评价，因为他这个人真的是让人很难说道，这个人就是人不老实,但是能办事的那种类型。总体来说利用性价比还是很高的。

主父偃这个时候可以说是汉朝的年度红人，从郎中一直做到中大夫。想要巴结他的人不在少数，收的礼也自然不在少数，这个主父偃也是来者不拒，照单全收。

历史证明，狗狂有屎，人狂有事。

这个困顿了大半生的主父偃一心想着要颠覆自己的坏运气，想要让干部子女永远是干部子女，那么最好的办法就是攀龙附凤。

这主父偃帮女儿看上的是齐国的国王，于是派人到齐国试探一下这门亲事，但被齐国纪太后拒绝了。人家齐国太后不给好脸看其实是正常的，虽然你是朝廷重臣，但这种要求未免也是太狂妄了。我这自家还好多事呢，你跟着添什么乱？

这齐国太后愁什么呢？原来，齐厉王的母亲纪太后为了让老纪家世代受宠，就想把自己弟弟的女儿，也就是齐厉王的表妹嫁给齐厉王。但是齐厉王偏偏不喜欢这个表妹。没有办法，纪太后只得派出自己的女儿也就是齐厉王的姐姐去给他整顿后宫，说的是整顿，其实也就是不让其他的女人接近齐厉王，让指定的女人专宠。

这整来整去让纪太后大吃一惊的事情发生了，没想到自己的两个亲生骨肉在她眼皮子底下行起了不伦之事。家中出了如此丑事，也难怪纪太后没有好脸色。

而这一厢，主父偃还没打正拳呢，只是找人探下口风就落得如此狼狈，当然是怀恨在心，从这点来看，主父偃的记仇心理和公孙弘不相上下。

本来，齐国后宫现在已经是乱七八糟了，多少人唯恐避之不及呢，你主父偃的女儿没跳进火坑是好事啊，可主父偃在气头上，哪里想得了这么多。于是齐国的各种坏话夹杂着主父偃的愤怒传到了刘彻耳朵里，对了，主父偃顺便把那亲姐弟的故事也告诉了刘彻。

这还了得，在朕的眼皮底下都这么嚣张，主父偃，朕命你为齐国的国相去调查此事。

来到齐国，主父偃立刻审讯齐国后宫的宦官，宦官的屁股又不是铁打的，就这么三下五下的这帮宦官就把一切事情都扯上了齐王。

这个齐厉王早就因为那档子事遭到天下人耻笑了，当下胆子变得越发的小了，终于在一个月黑风高之夜，一碗毒药解决了自己。

这个死去的齐厉王，在位仅仅五年，连继位的后人都没有就先走了一步，最后朝廷只得撤销了齐国，齐国从此划为中央政府辖区。

“一言丧邦”的故事也因此得来，成语就是有这样的好处，可以把看似复杂的事情做一个高度提炼，去掉这件事情的细枝末节，一个好好的齐国就因为主父偃的一句话没了。

主父偃这次是真解了气，和他一起高兴的还有他的老仇人公孙弘，公孙弘为什么高兴，原来也正是这件主父偃看似是好事的好事点中了主父偃的命门。

公孙弘的机会说来就来。

原来这个主父偃告状的事迹不只这一件，而且告状的事情只针对乱伦事件，在早先主父偃游学燕赵之地的时候，受过非常多的冷遇。他富贵之后的第一件事情就是揭发燕王刘定国的乱伦之事，也正是这次揭发让燕王自己结束了生命。

燕王、齐王，这一个个王都在主父偃的进言中死去了，这让同样有乱伦丑闻的赵王非常害怕。与其坐等死亡不如主动出击。

于是赵王上书刘彻，告发主父偃两大罪状：一是大量接受诸侯国的贿赂；二是假公济私，报复齐王。

接到举报，刘彻立刻抓捕主父偃，主父偃本来就是爱财之人，所以，他当即就承认了接受诸侯王的贿赂，但是陷害齐王的事情他坚决不承认。

这个时候就该公孙弘出场了，这个老头知道，眼下被关的这个人可是深得刘彻信任的人，说白了就是要能力有能力，要后台有后台，所以想要扳倒他，必须想出一个十分精准的理由，这是唯一绝好的一次机会。

公孙弘没有浪费这次机会，他来到刘彻面前，语速缓慢但句句有力地对刘彻说，陛下啊，齐王自杀，没有继承人，齐国也被废除了，主父偃是导致这一切的元凶啊，陛下如果不杀他，没法给天下人一个交代啊。

这是朝廷为官的重要伎俩，动不动就代表全天下的人民，而历史和今天都在对我们说，好多代表人民的人偏偏就是最不代表人民的人。

就这样，主父偃最终死在公孙弘所布置的天罗地网之中。

这场死亡已经盛大落幕，但其中两个人的眉眼让我们看得越发清晰，这两个人就是公孙弘和刘彻。

公孙弘自不必说，为什么说看清了刘彻，在此次的杀人事件中，我们也看到了刘彻的冷酷。

刘彻是此案最终拍板的人，我们无法体味当时刘彻的心情，不知道他有没有想过主父偃为中央提出的推恩之策，有没有想过这个即将死去的人让他真正地把大汉的权力握在手中。刘彻本可以认真彻查这件事情的，但刘彻没有。

自古帝王就没有真正爱护的臣子，这些个臣子也和那些个女人一样，曾经的宠爱在江山权力的冷酷中越发模糊了，该杀就杀，感情这东西从来就不是帝王能玩的，项羽当年动了感情却没了江山。

死去的鬼魂只得嗟叹一声，伴君如伴虎啊。

主父偃是死去了，但他那神奇的蛋糕分法让刘彻的权力落入旁人的可能越来越弱化。

刘彻很快就忘记了主父偃，这是必然的。

公孙弘眼前居然闪过可耻可笑的两个字——退隐。于是他退到了那一盒骨灰里。

【第七章】

# 钱是好东西

> 钱的事儿

> 商人的噩梦

> 刘彻的金算盘

> 卖官攒钱

## 钱的事儿

刘彻很快就想起他的钱了。

先说点别朝的事儿：从一个从事“国际贸易”的跨国公司老板到一个位高权重的秦国政要，吕不韦的成功恰恰说明了那些握有经济大权的大商人才能有干预国政的能力和实力。“商而优则仕”是当时金融圈和政治圈的共同真理。

如果说商人的黄金时代是在战国时期，那么汉朝就是商人的黑色时代。

商人干政的现象在汉朝初期的时候基本上就是回音的最后一声了。

汉朝初期物质匮乏，流通受阻，商人大肆囤积居奇，谋取暴利，导致物价上涨，人心动摇，年轻的大汉朝面临着空前的危机。当时的刘邦甚至为自己的车子找不到四匹一样大小的牛，而当时的商人骑的却是高头公马。

刘邦自然不能容忍这样的羞辱，同时也因为学历有限，他自然也想不到什么金融办法，他的好办法当然就是小人压榨法，在实行强硬手段打压了那些投机的商人后，就粗暴地规定商人不得“衣丝乘车”，商人的孩子不能读书，不能当官，甚至子女通婚也要受到严格限制，这种仇富心理几乎导致商人阶级的崩溃。

刘邦这种粗暴的行政干预是没有任何技术含量的。完全是权对钱的绝对压榨。

到了刘彻这里，情况就不一样了，开刀的对象还是商人，可这主刀大夫的手艺是非常精良的。

刘彻有一个非同寻常的智囊团——商人出身的桑弘羊。他可以被称作史上最为高明的搜刮能手，野蛮的掠夺行为三下五除二就被披上了合法的外衣。

最让商人恐惧的政策恰恰又是出自商人之手，这样的一个以敌制敌的办法，很容易让我们想到接下来商人将会面临什么样的命运。

刘彻在一连串的组合拳之后，商人们晕了，他们很快就明白了一个残酷的现实：在汉朝做商人是多么危险的一件事情啊！

在汉代以后，能让人记住的古代商人已经寥若晨星，大多数留名的走的也是搞笑路线，比如卖草鞋的刘备和卖烧饼的武大郎，这些人数量可以无限多，力量却又无限小。

商人已经不是热热闹闹，牛哄哄的角色了，商人已经是有点没落的冷感了。

## 商人的噩梦

干一件事，首先要考虑钱的问题，皇帝也不例外。

对于匈奴，刘彻是放长线钓大鱼，可这鱼线的造价确实不低啊。

汉朝的农民辛苦种出来的粮食，哪经得起匈奴这连人带马的一顿糟践，可匈奴最爱干的也就是这事，汉朝的农耕生产受到严重的威胁。

刘彻养马练兵，和匈奴持续战斗了四十多年，最终击跨了匈奴的主力。我们知道，军事上的实力绝对不能只取决于决策者的知人善任和运筹帷幄，也不能只取决于将士们的英勇善战，最重要的一点就是钱，从古至今，钱都是大问题，一直都是。

打仗是废银子的事情，看看现在的伊朗和阿富汗就知道了。

刘彻俯瞰汉朝子民，这油水从谁身上挤呢？

刘彻犀利的凶光划过商人泛光的脸。

《汉书·食货志》记载：元光六年（公元前129年），刘彻开始向还沐浴在“休养生息”这个澡盆子里的商人们“大开杀戒”了。

现在汽油这个贵啊，多少有车的人想梦回古代，北边山坡上割点草基本上就能够这马车开个几十里了，可你做梦要是到了刘彻时代，那么我告诉你，这绝对是个噩梦。

我国最早的“车船税”闪亮登场了。如果你是官吏、三老、骑士，那么好，你愿意开多少车就开多少车；如果是一般平民百姓，每辆车得交 120 钱的税。特注：如果你是商人，那么对不起了，你每辆车得交 240 钱的税。

地上走的完事了，水里游的开始了。

只要拥有船只五丈以上，一条纳税 120 钱。

那个时候的商人是怎么回事，就是南倒北买，赚的就是个折腾钱，这折腾的工具当然就是马车和船只，作为商贾必不可少的交通运输工具，这些都是无法藏匿和逃税的。

所以，刘彻在车船上面没怎么费功夫就征集了大量的税收。

到了元狩四年(公元前 119 年),刘彻发动了远征匈奴的战略大决战，击溃了匈奴左贤王的主力。在这一战中，汉朝 14 万马匹出塞，得胜回朝时仅仅剩下 3 万匹。仅此一点就可看出来，打仗真的很烧钱。

烧钱是烧钱，充当消防员的还是商人，刘彻又向商人开征财产税——“缗钱税”。这个拗口的税就是要求商人们向政府如实呈报财产，你说的是不是实话还得经过验收，按率征税。手工业者财产 4000 钱征一算（120 钱），而商人们则要每 2000 钱征一算，不仅如此，还向高利贷者开征利息税，按其本金，每 2000 钱征税一算。

征税期间，如果遇到不老实的偷税漏税行为，基本上和现在死刑犯一样的“待遇”——“判处某某死刑，没收其全部财产，剥夺政治权利终身。”

刘彻发动群众的功夫是不错的，当时有一个“告缗”制度，凡是告发不如实申报财产的举报人，查实后奖给告发者一半。这和我们现在的有奖举报制度有点像，我们现在的有奖举报制度恐怕就是根据这个演变过来的，几千年了，确实经久耐用。

刘彻的财产验收官也许有打盹的时候，可是人民的眼睛是雪亮的，这个睡着了，那个还是睁着的。

重罚之下也有勇夫，汉朝以身试法的商人不在少数，通过这些措施所征收和没收的财物以亿计，刘彻又大赚了一笔。

刘彻找到了生财之道，于是，这项征税运动愈演愈烈，征税范围由原先以现钱和车船为主扩大到包括田宅、畜产、奴婢在内的一切财产。值钱和不值钱的财产统统都要折合成一定的现钱做纳税的基数。前述那些擦亮眼睛举报偷税漏税的良民慢慢发现，他们告的人不是他们的三舅，就是他们的大姨。收税对象由最初的“只为商贾居货者设”，扩大到“凡民有蓄积者，皆为有司所隐度矣，不但商贾末作也。”（《汉书·食货志（下）》）

这项疯狂的敛财运动虽然增加了政府的收入，打击了大商人，但从另外一个方面也阻碍了当时私营工商业的发展。

## 刘彻的金算盘

一个帝王从来就不是专攻某个专业的，你看那个专攻文学的南唐后主，文章写得很好，可是治国就差得远了。

刘彻的税收方法侧重于有钱出钱的原则，凡是商人可以发大财的生意，一律由官办经营，例如开矿、冶金、煮盐、酿酒，其他的行业也要抽营业税。最厉害的是财产税，不管是动产或不动产，概由业主报价照抽。

刘彻自然也不是学经济的。他的背后有一个人，也正是这个人，掌管着此时汉朝的算盘。

这个人就是桑弘羊。

桑弘羊，洛阳人。出身商人家庭，自幼有心算才能，13 岁入侍宫中。自元狩三年（公元前 120 年）起，一直到刘彻去世，历任大司农中丞、大司农、御史大夫等重要职务，与担任大农丞的大盐铁商东郭咸阳、孔仅二人深得武帝宠信。元狩年间以后，在桑弘羊的参与和主持下，先后实行了盐、铁、酒官营，均输、平准、算缗、告缗，统一铸币等经济政策。此外，他还组织了 60 万人屯田戍边，防御匈奴。

这些措施都在不同程度上取得了成功，暂时缓解了经济危机，史称当时“民不益赋而天下用饶”。

一方水土养育一方人，桑弘羊能成为理财专家，这与他的家庭和故乡是紧密相连的。在战国时期，经商已经成为洛阳人的重要职业。一些人经商致富后，就参与了政治活动。当时的洛阳是早在周朝就建立的一个军事和政治重镇，周公征服殷人后，把俘虏的殷人都称作“顽民”，这个叫法可不是什么光荣称号，不是顽皮的人民，而是顽固不化的刁民。

这些人不但被强制安上了绰号，而且他们还没有参加政治活动的权利，于是大多数人就是下海经商了。

商人是最富冒险精神的一个阶级，这点无可否认，在商人光景日渐萧条的时候，偶尔蹦出那么一两个商人，着实让人吓一大跳。

桑弘羊的家庭就是当时洛阳很富有的大商人，否则他不可能小小年纪就做了刘彻的侍中。侍中是一种加官，大到列侯、将军、卿、大夫，下到太医、郎中，都可以加官为侍中。当了侍中，就意味着你可以经常出入禁中，接近皇帝，所以这个特殊的官职一直非常热门。

另外也可得见，这个职位是花了不少银子的。

**买卖一**

桑弘羊从 13 岁作侍中，一直到 39 岁出任大农丞，当了 26 年的侍中。

这期间，由于汉武帝大规模地对匈奴用兵，文景之治攒下的那点家当也快被用光了，汉朝面对着严重的财政赤字。元狩三年（公元前 120 年），主要负责财政的大农令为了弥补财政的亏空，向刘彻推荐了山东的大盐商东郭咸阳和河南南阳的大冶铁商孔仅，担任大农丞。

以敌制敌，这招最狠，刘彻利用他们经商的经验和技术，把赚钱的买卖全部让朝廷来做。

桑弘羊这个时候已经是 34 岁了，由于他很精于计算经济问题，刘彻让他帮助东郭咸阳估算研究盐铁官营的细则。

对于汉朝，这可是个大动作，整整耗时一年之久，细则的内容主要是将原来私营的盐铁划归朝廷管，由国家完全垄断盐铁的生产，不许私人经营。

这个霸道的计划很快就得到了刘彻的批准，他很快就设立了盐铁的官营机构，好多大商人也乘机改行做官了——原来经营盐铁生产的商人为各地官营盐铁的主管官。这项政策在经济上是取得了很大成效的。

三年之后，孔仅就升任为大农令，桑弘羊也被提拔为大农丞。大农令是封建政府的财神爷，也就是掌管财政的最高官员，大农丞是他的主要助手。也就是从这个时候开始，桑弘羊在理财上显示出他的突出才干，刘彻也越来越喜欢这个金算盘。

盐的生产，是由当时的汉朝政府自备资金，盐官供给煮盐的人工具和粮食，在盐官的监督下将煮成的盐全部售给国家，然后再由国家出售给人民，个人不得私售。简单点说就是生产的时候是公司联营，销售的时候是国家统一购销。

铁的生产，是在郡国出铁处设铁官进行生产，就算郡国流出再多的铁最终点数的还是中央政府，铁的生产和销售完全由汉朝中央进行控制。因为铁的冶炼不但技术比煮盐要复杂得多，而且成本和规模也比制盐要大，所以它主要采取国家经营的方式。

**买卖二**

政府不仅把手深入到垄断行业，当时就连地方郡国定期贡纳实物都要折现，这就是桑弘羊主张的均输法。

就是各郡国每年上交中央的贡品，都要按照当地的市价，折合成当地出产的产品，这些产品交给国家之后，由均输官统一调运到缺乏这些产品的地区出售。这样不但各郡国再也不用为了贡物而派人四出采购物品，而中央政府也做起了东采西卖的差价买卖，从中获得了很大利润。

这个利于四方的政策，不仅增加了政府收入，减少了地方政府的麻烦，也减轻了百姓的负担，同时打击了商人的暴利。一举四得。

**买卖三**

在汉朝初年的时候，买东西是一件爽快的事，但却不是一件潇洒的事。倘若你要埋单走人的时候，哗啦啦掏出的一定是一批大小不同，轻重不一的钱币。

这是因为汉朝初年，国家对钱币的铸造采取放任的政策。当时不但钱的大小、轻重不一，钱币的重量与实际重量也相差悬殊，因此很多人做起了假币生意，从而影响了经济的正常流通并导致了通货膨胀。到了汉文帝五年的时候，政府更是撤除了禁止私人铸钱的命令，放任大家自由铸钱，因而币制更加混乱。一些豪强和大商人，常常在铜内混入乱七八糟的金属来谋取暴利。

当时社会因为钱币面值问题出的刑事案件非常之多。

汉武帝为了整顿财政，曾在元狩四年（公元前 119 年）整顿过一次货币，但效果并不理想。当时一共造了三种货币：一是皮币，就是用禁苑里养的白鹿皮制成，每个一尺见方，上面还绣上五彩花纹，每个值钱四十万，这种钱由于材质和面值的原因，基本上只在上层贵族中流通和使用。

另一种是白金，这是用库存的银、锡作的合金币，面值分为三千、五百和三百三种。

第三种是取消半两钱改铸的三铢钱。

粗略一看，还真吓一跳，倘若换到现在，消费真的成了一场噩梦。

先别说钱币的价值相差悬殊，四十万后面就是几千，要是哪天没带零钱用四十万买了一个几百钱的东西，那得倒腾多长时间啊。

另外，先别说面值相差如此悬殊，几十万下来就是几千，就连钱币的种类也是五花八门，汉朝人钱包都得准备得不能重样。

这招中看不中用的花拳绣腿很快就在消费者的怨声载道中淘汰了。

还有一个原因就是当时汉朝的各个郡国还有造钱的权利，那个时候一个小小的郡国出手比刘彻大方的事件多了去了，这其中的原因就不难想象了，经济上自成一统，说句贴切的话，挖个坑，往里灌铜水就能造银子。

元鼎四年（公元前 113 年），为了彻底整顿乱七八糟的货币，刘彻采纳了桑弘羊的意见。

桑弘羊的意见主要是：取消郡国铸钱的权利，全部收归国有，由中央政府一手掌管，各个郡国把所铸的旧钱销毁，把铜送到中央；废除过去铸的一切钱币，而以上林三官铸的五铢钱为全国唯一通行的货币。这就说造钱成了政府的事，不管是王公贵族还是平头百姓，在消费生活中和朝廷就直接产生了千丝万缕的联系，这一有联系也就必然有了牵制，有了牵制就有了控制。刘彻这才恍然大悟，经济决定政治啊。

这次的币制改革无疑是非常成功的，从前那种粗制滥造的劣质钱币从此退出了市场，这样不但增加了汉朝的财政收入，而且也稳定了市场和货币流通。它对汉朝的统治也来了一个底朝天的彻底巩固。

人民中不乏刁民，商人中不乏鸟人。

为什么这次说禁止私人铸币就能禁止得了呢？原来这次货币改革找到了症结，首先将全国的铜材集中在中央，铸币的原料都是由上林三官统一调拨，巧妇难为无米之炊，那些个不法铸币的人总不能改用石头吧。

其次，价格标准与重量标准一致，这次所铸的三官五铢钱，实际重量也是五铢，不像以前缺斤短两，这样自然就减少了货币毁销改铸的弊病，这应该怎么理解呢？汉代的铜钱经过国家法定而具有固定的重量与形状，在进行交换时是以计数（枚）为单位的。由于铜钱是以数量（枚）为计算单位，因而重钱与轻钱在流通中具有相等的价值，这也就成为盗铸者将重钱私销改铸的根本原因。当铜钱的名义重量与实际重量不一致时，货币盗铸者就会将重钱私自熔销，改铸成轻钱，牟取暴利。

第三是铸币技术提高了，铸造的工序比较复杂，就像最新版的人民币多了很多道防伪工序，所以盗铸者造起来比较困难。

这次币制改革是汉朝的一次创举，此次露脸的五铢钱一直流通至隋朝七百余年而通行不废。这与桑弘羊这个金算盘的经济思想是分不开的。

盐铁、均输、货币政策，这是桑弘羊打理汉朝账本的三种比较突出的做法，由此解决了刘彻在经济上的忧虑。在连年对外进行大规模战争的情况下，国家的财政开支急剧增加，桑弘羊此时担任封建国家的主要财政负责人，他能在少量增加农民负担的情况下，满足刘彻庞大的财政需求，这确实是一大功劳。也就是这个原因，桑弘羊一直被刘彻看做是大汉的财神爷，深得刘彻的信任。

史家评曰："如桑弘羊者不可少也。"

## 卖官攒钱

由于桑弘羊的建议几乎把能赚钱的买卖都划给国家了，所以汉朝政府在国民经济盈利的环节可谓无孔不入，俨然成了汉朝最大的商人。

当时的封建社会里最能吸钱的行业已经统统把持在政府的手中了，但是，刘彻还想从商人手里抠钱，不，准确点说，刘彻还想从有钱人手里抠钱。

这个时候商人的处境是非常艰难的，出于本能，一些商人开始积极地寻找新的市场，但大多数商人只得把大量钱财雪藏起来，商业术语叫作窖藏，主要是指商人把最能体现商业资本价值、单位价值较高的金属货币等，从生产、流通领域中抽取并封存起来。正如《汉书·食货志》所载"富人藏钱满室，犹无厌足"，可想而知，刘彻虽然制定了很多盘剥商人利益的政策，但是商人多年的家当却不是那么容易就能被侵吞的。

所以，刘彻做了一个大诱饵，等着有钱的人上钩。

这诱饵的材料就是官爵，愿者上钩。

想出这个办法的人还是桑弘羊，至今说起这位理财天才，人们记住最多的还是他的均输法和卖官，人们还愿意说，他因前者名垂青史，因后者遗臭万年。

不论是谁，凡是想当官的，或者是犯了罪希望得到开释的，只要将粮食交到粮仓内，即可得官或免罪，官职的大小要根据所交粮食的多少来安排。如交六百石粮食的可做郎官，交得更多还可终身免除赋税徭役。

但是你不能就此定论汉朝一切官职都注满了铜臭，刘彻用人的最大特点还是唯才是举、不拘一格。如贵为皇后的卫子夫是从奴婢中选拔出来的。卫青、霍去病分别是从奴仆和奴仆私生子中选拔出来的。而丞相公孙弘也是从贫苦人民中选拔上来的。尤其值得注意的是汉武帝任用的一些将军有的竟是越人、匈奴人。

这些情况说明刘彻选拔人才是不受阶级出身与民族差别限制的。但是，这并不能说明刘彻用人就没有标准，标准还是有的，标准就是“不管黑猫白猫，能捉老鼠就是好猫”。也就是说，不管你是谁，只要你有才能，有智谋，那么我大汉朝堂的门就向你敞开。刘彻时期的人才济济和景帝时期的人才匮乏差别十分巨大。怪不得班固老人家说：“汉之得人，于此为盛！”

买卖的官职也是特选官职，要真是丞相也能买来的话，还真敢有人拖着金子让刘彻把皇位开个价。

此项政策施行一年之内，国家粮仓都装满了粮食。不用给老百姓增加赋税，国家的财政收入即飞速增加，一切开支都有了剩余。桑弘羊所采用的这个办法固然增加了国家收入，但混淆了是非，助长了买官之弊，保护了犯罪之恶，伤害了善良百姓。

这可不是给现在某些地方的“皇帝”做政治榜样，现代的买官卖官,可与汉朝时的买官卖官有天大区别。汉朝的都是为了增加国家财政，筹措军饷、赈灾等，即都是因为国库空缺不得已而为之。

说句实话，就是卖官，人家也是公开进行的，收入也全部归为国有，只要有钱的人，你想捐个官当当也是平等对待，可谓机会平等，买了官，皇帝老儿发个圣旨或执照，说明你捐了款才当上这个官。这个必须要区别对待。

# 【第八章】风波再起

## 酷毙的酷吏

我一直认为没有什么真正的酷吏，所谓酷吏不过也就是当权者的御用黑手或其做官之道罢了。真正有脾气的人在官场中是找不出来的，要找您得上土匪窝里去找。

所以，酷吏依循的并不是法律，而是帝王的小倔强或是小感慨。

哪那么多有脾气的？

汉朝酷吏的酷法是不重样儿的，郅都的残酷前面我们已经知晓，如今刘彻时期还有一个酷吏，这个人就是张汤。

说起张汤大家比较陌生，但说起前皇后陈阿娇那场宫廷巫蛊案大家一定不会陌生，这个案件的负责人就是张汤。

汉朝的酷吏总的来说是有发展阶段的，最开始郅都的“酷”其实是一种为政手段，而张汤的“酷”是一种审案手段，力图株连他人就是他的一个鲜明特色。

对于阿娇事件，刘彻大为恼火，这时候，如果遇到一个不会看事的，一定会把阿娇往死里整，但这就是刘彻的真实想法吗？

皇帝就是这样，有的时候心里有三分他表现十分，有的时候心里有十分却表现三分。

到底是几分，得由大臣猜猜看。

阿娇虽然犯了刘彻的忌讳，但阿娇毕竟和刘彻夫妻一场，而且还是从小一起玩到大的亲表姐，刘彻在愤怒中其实有网开一面的意思。

就是这不经意流露出来的慈悲被张汤发现了，所以后来出现了一个很奇怪的结果，就是主事的阿娇活得好好的，其他涉案人员能株连的全部株连。

这次疯狂的死亡链接致使长安好多豪门从此销声匿迹。

张汤也因为这件事情随了刘彻的心思而被其誉为能臣，后来被刘彻提拔为太中大夫。

张汤从事的一直是司法工作，想必他一定看到过刘彻这样的眼神，当一个个刁人、一件件刁事屈服于法律之下的时候，刘彻露出了得意的目光，原来法是这么好用。

从这件事可以看出，张汤猜猜看的本事是一流的。他深知，刘彻传的是儒，用的是法，在这一点上，他和公孙弘都看得很清楚。

实践是检验真理的唯一标准。

在实践摸索之中，张汤发现了一个屡试不爽的审案办法，那就是在道理上一定要攀上儒学，最好是在念审判书的时候直接引用《四书五经》中的经典。

这样审的案子，自然让刘彻非常高兴，知我者，张汤也。

到底是什么样的经历让张汤谙熟了刘彻的这一套呢？

这还要从张汤小的时候说起，说一则故事——张汤审鼠。

这并不是一则童话故事，在张汤还是小孩子的时候，一天，他的父亲出去办事，家里只留下年幼的张汤。父亲回来以后，发现家中的肉被老鼠偷走了，那个时候张汤家还是属于草根阶层的，伙食水平还不高，丢了一块肉可不是件小事，张汤的父亲立刻就把他打了一顿。

郁闷的张汤也愤怒了，他立刻把这种愤怒转移到那只胆大包天的老鼠身上，愤怒的张汤开始在家里找老鼠的窝，最后，鼠赃俱获。

这只老鼠没想到，张汤的父亲也没想到，幼小的张汤竟然组织了一次动物法庭。从拷问到记录，到宣布审判结果，最后当庭定案，叛老鼠五马分尸。整个程序严谨有序，就像是经过专业训练。

张汤的父亲在看了这一切之后，当即就给儿子选好了未来的发展道路。

长大后的张汤当真在长安县当了很长时间的小吏。

不久，张汤就因为工作出色被调任到茂陵尉去主持刘彻的另一处豪宅——陵墓的修建工作去了。

也就是在这个时候，张汤和高层搭上了边，进入官场上升期。

张汤上位离不开一个人的帮助，这个人就是前丞相田蚡。田蚡有个弟弟田胜，说来也是刘彻的舅舅，但这个人的运气就不如田蚡这么好了，田胜有一次犯了事，张汤打听到了他的背景，不但没有重罚他，反而竭力讨好他。

之后，也因为田胜的引荐，张汤攀上了田蚡，这个时候的田蚡正需要培植自己的一班人马，于是张汤很快就得到了田蚡的提拔，进入了最高权力的政治圈。

这才有了后来张汤一路好走的仕途之路。

听着张汤的故事，不免有点伤感，这么一个倔强、聪明的孩子似乎是越走越变样了，从他当年审鼠的架势来看，他似乎能成为汉朝一代青天，但张汤选择了另一种审案方式，与其说是审案方式，不如说是生存方式。

张汤审案是非常有自己特色的，因为先前曾发现一种模式的好用，张汤似乎就爱上了用模式审案的方法，一件案件呈上来的时候，最先面对的并不是法律的标准，而是张汤的标准。

标准一，犯事的人如果是刘彻想严办的人，张汤就交给执法最为严酷的官员审理。

标准二，犯事的人如果是刘彻只想意思一下的人，张汤就交给执法宽松的人去审理。

标准三，犯事的人如果是豪强，张汤一定会往死里整他，因为他知道，刘彻最讨厌装的人。

标准四，犯事的人如果是平头百姓，张汤往往都会网开一面，能放过的就放过。张汤也是从平头百姓过来的，这一点曾经的阶级情怀他还是有的。

这几个标准基本上都是按照刘彻的心思量身打造的，从张汤的升官速度上来看，这四个标准还是非常好用的。

甚至在张汤生病的时候，刘彻都亲自上门探望，假如仅凭案子断得和了刘彻的心思就能有这样的待遇，刘彻也未免太好糊弄了。

张汤帮刘彻的忙不止一个。

对匈奴作战给汉朝带来了沉重的经济压力，财政危机让刘彻非常头疼。擅长揣摩圣意的张汤很快看出了刘彻的心病，于是他力主财政改革，因为一改革，就必定能揪出很多贪污的官僚。

一有贪官，就是我酷吏上场的时候了。

## 大案一桩

说到这里，不得不牵扯出一桩汉朝时期的大案——一把剑引发的血案。

这个大案的主角就是淮南王刘安，事件的起因正是他的宝贝儿子。

这个淮南王就是前述向窦太后献书的刘安，刘安有一个儿子，他就是淮南王的太子刘迁。

公元前124年，刘迁学习舞剑，学了一段时间之后，便觉得自己是天下第一了。有一天，他听说父亲刘安身边有一个剑术高明的侍从——雷被，这个人被称作淮南第一剑客。刘迁来了兴趣，一定要和这个淮南第一过上两招。

雷被一听说自己被太子看上了，很是着急，行家一出手，便知有没有，雷被经常出入在淮南王身边，自然是看过刘迁的那几招剑法，刘迁的水平雷被自然心知肚明。

可到底是去还是不去呢？赢了呢，自己以后还要在人家手下做事。输了呢，实在是对不起自己淮南第一的名号。想来想去，雷被拒绝了太子刘迁的挑战。

这下热闹了，不比？没门。

于是一场早已知道胜负的比赛在雷被的百感交集中开始了，比赛中，雷被处处退让，但还是不小心伤到了刘迁。

这个刘迁从小娇生惯养，当然受不了这样的委屈，再加上他心中对雷被的嫉妒，于是就在淮南王面前处处说雷被的坏话。

于是，父子俩都看雷被不顺眼了，雷被被逼上了梁山。

这个时候，恰逢刘彻对匈奴征兵，刘彻下令，只要是愿意为国效力的人，都可以到长安来报名参军，地方政府一律不得阻拦。

淮南王刘安是汉高祖刘邦的亲孙子，刘安的辈分比刘彻还高出一辈儿，所以，他对刘彻的这个规定并没有太当真，淮南王下令雷被不得入京。

雷被走投无路，只得冒险进京投靠新主子，顺便告发旧主子。

这下可是急坏了淮南王刘安。

看看汉朝的法律，我们就知道刘安这么着急是有道理的，根据汉律，凡是阻挠执行天子命令的人，一律处死。

刘安现在这事说小就是小事，说大就是无比大的事。

照雷被这架势，分明就是把这事往大里说啊。

刘安正在这里着急着呢，又听说河南郡要抓刘迁到洛阳受审。

这儿子可是亲儿子啊，我百年之后还要等着他继位呢，这个急坏了的父亲立刻和自己急坏了的老伴商量出了一个非常糟糕的想法。

一旦河南郡来抓儿子，就反了他的，只要刘彻派汉使来，我就一刀杀了他然后造反。

在先前的献书事件中，刘彻早就看不惯这个老前辈了，刘彻建元新政的失败明明也是因为这个老家伙横插一脚。

今天落到我手里了，有你受的。

但淮南王毕竟是刘彻的长辈，刘彻的速度也只能放慢下来。

起先，刘彻也只是派一个廷尉去例行公事似的盘查一番，刘安见来者态度不错，杀人的事情也就暂时放了一放。

刘彻朝中的大臣们都是一路看着刘彻走过来的，这个刘安关键时候横插一脚，刘彻当然厌恶他，于是朝中大臣都要求刘彻处死淮南王。

但是刘彻并没有采纳群臣们的意见，他不想背一个叔侄自相残杀的恶名。

刘彻下令撤掉淮南王两个县，这个惩罚只是意思意思。

但刘彻只是意思意思吗？了解刘彻的人都知道，刘彻是不可能这么容易就放过淮南王的。

原来这是一种“煮汤慢死法”。

淮南王没有想到刘彻会免他一死，这对于极度惊慌中的他来说当然是个惊喜。

谢主隆恩，皇帝万岁万岁万万岁。

平静过后，淮南王缓过神来了。

新仇旧恨涌上心头。淮南王越想越气，越气就越想。论资排辈我是高祖刘邦的亲孙子，而你才是汉文帝的孙子，我在诸侯王中的地位最高，一生也是恪守黄老的“无为之道”。我招谁惹谁了，凭什么削掉我两个县，不蒸馒头争口气。

极度的郁闷让刘安变得开始有点神经质了，他脑子里一天到晚想的都是造反的事，这个时候的刘安无异于当时自己的儿子刘迁，犯了一个最致命的错误，自以为是。

所以，给淮南王押注的人是零。

造反没造成，在自己的家里说说还不成?

不成！也就是这么小小的一说，就又被千里之外的刘彻知道了。

原来这次告状的不是别人，正是刘安的亲孙子刘建。

这淮南老刘家唱的又是哪出呢?

原来他就是刘安庶长子的儿子。这个庶长子在淮南王宫里非常不受欢迎，上到刘安，下到王后都不喜欢他，就连太子刘迁也是经常欺负他。这刘不害倒也窝囊，面对这种不公正的待遇，他吭都不吭一声。

但是刘不害的儿子刘建的性格和他老爸却是大相径庭。

此前，在主父偃颁布了推恩令的时候，刘建觉得自己的好日子就要来了，但是刘安拒不执行刘彻的推恩令。

于是，家庭矛盾立刻上升到敌我矛盾。

刘建这次本来也只是想把太子刘迁扳倒，让自己的父亲当上太子，不成想，这一状却搭上了自己爷爷的命。

## 叛乱狂想症

淮南王本来就天天神神叨叨谋着造反，这下又让自己的孙子告了，看来不反也得反了。

淮南王是狗急了跳墙，立刻找来了自己的谋臣伍被，商议谋反事宜，可这伍被还是有理智的，他明白造反是一点胜算都没有的，于是便劝淮南王放弃这个想法。

但是刘安是铁了心地要反，伍被见劝阻不成，只得给刘安出了一个主意——挑拨离间。

首先，伪造皇帝圣旨，让有钱的人全部充边，当时朔方郡刚刚建立不久。有钱的人是最怕动荡了，一动荡他们必然有想法。

再次是伪造文件，文件的内容是逮捕各地诸侯的太子、幸臣。

光这两条，无疑是给地方和中央的关系投下一颗重磅炸弹。

对于当时的淮南王，这是比较好的办法。

但是淮南王并没有认同这个计策，他有自己的一套想法——骗出兵权。

首先造假证，刻假章，皇帝玉玺，丞相大印，群臣官印，全套伪造。

再次是安排内线到卫青和丞相公孙弘府中，一旦事发，即刻动手。

三是伪造南越国人兵侵犯的假消息，借机派兵。

总体评价淮南王这个想法就是，章是假的，人是假的，理由是假的。

比起伍被那个坐山观虎斗的计策来说，这个计策真的是好不到哪去。但这个时候的刘安似乎已经对造反着了魔。

伍被看着这个可笑必败的计策无奈了，无奈的他也只好另寻他主了。就这样，刘安的造反计划在三个人的揭露之下，很快就败露了。

刘彻派出的宗正还没到淮南国，刘安就操刀自杀了。

刘安造反的功夫跟造豆腐比起来差远了。

至此，淮南大案告一段落。

后期的审判工作又交到了张汤手中。剩下的一干人等当然是刘彻不愿意留下的人，比照张汤的判案标准，适合标准一。

淮南王后、太子刘迁和所有参与此次谋反的人都被灭了门。

顺便提一下，中间衡山王刘赐因为与哥哥淮南王刘安联袂主演了淮南大案（小剧集名称为衡山谋反），最终也刎颈自杀了。

至此，武帝时期的诸侯叛乱基本上都偃旗息鼓了，景帝那时候的“七国之乱”已经是太遥远的故事了。

不做事的人和电影里的警察一样总是在火拼之后出现，淮南王、衡山王造反，刘彻朝廷严察两王的党徒。公孙弘认识到自己在相位，没有能辅佐皇帝治理好国家。现在有两王造反，自己难脱不称职之责。当时公孙弘正染病在身，于是上书皇帝，请求辞职，但刘彻并没有答应辞职，只是让他暂时休养。

公孙弘生病之后，按道理应该是回老家等死了，毕竟岁数不小了，都快八十的人了，但是他却在病床上又站了起来。原来，事情还没有结束。

这个时候，公孙弘光荣返聘，继续做他的大汉丞相，但实际上已经是没什么实权了。

年龄在那里摆着呢，接下来公孙弘既没干什么帮人的事，也没干什么害人的事情，就这么不痛不痒地让岁月带走了，历数刘彻的丞相，他或许是结局最完美的一个。

# 燃烧吧，小宇宙

【第九章】

> 画皮
> 天宇一号汉奸
> 刘彻的底牌
> 这个蹊跷太明显

## 画皮

我们翻开刘彻的简历细细研读就会发现，刘彻在位 54 年，其中有 44 年的时间都是在和匈奴打仗，可见，刘彻对匈奴的恨的确到了极点。

在建元新政失败到窦太后去世前的一段时间里，是刘彻的蛰伏期，他用一种不屑和顽劣的态度来避开朝野。

而今天，刘彻开始用最得意的笑声回敬那些说他蹉跎时间的人们，有些时间是必须浪费的，只有这样，时间才会沉淀成我们需要的模样。

这个贪玩的幼主在一霎那间似乎换了面孔，大臣们都惊讶于刘彻从哪里找到这样精良的面具。

你们错了，这才是我真正的肉身，之前的那副面孔才是一副精良的面具。

刘彻用自己的演技上演了一出汉朝《画皮》，只是这次感叹的不是爱恨情仇，而是一个帝王的演技精湛。

刘彻让时间做成了掩体，在刚刚继位的时候，他并没有对匈奴做出强硬的反应，一是因为当时国内的武装条件非常不成熟，二是因为当时以窦太后为首的黄老学派还在朝中占上风，他们不愿意因为战争而让国家穷困。因此当时主张和平的呼声在朝中占有主力位置。几乎没有一个人站出来主战。

公元前 134 年，军臣单于派使者到长安求见汉武帝，要求和亲。

朝中大臣没有人不知道，匈奴人看上的并不是大汉的公主，祈求的也并不是长久的和平，他们这次的和亲是一次贪婪的升级，他们告诉大汉，想要和平，那么送更多的财宝来吧，送更多的美女来吧。

这分明就是一次抢劫。

然而这一次，刘彻忍住了。

据司马迁记述，在公元前 3 世纪后半叶，匈奴几乎成为一个统一的、强大的民族，他们由一位叫单于的首领统帅着。

从高祖刘邦开始，汉朝对匈奴采取的就是“面包换和平”政策，每年，汉朝都会给匈奴大量的财物，不仅如此，最后更是变成“和亲换和平”政策，也正是彼此这种不得已的虚情假意让汉匈两个民族维持着表面上基本的和平。

汉朝每年都会选出一个诸侯王的女儿去充当公主，然后远嫁匈奴。一同随往的是大把的金银财宝和牛羊丝绸。

高祖的这种对匈态度一直延续到汉文帝继位之后，匈奴越发嚣张。公元前 177 年，匈奴右贤王进入河南地区，开始了他们疯狂的掠夺。汉文帝见状，赶忙派灌婴率军攻打右贤王，右贤王大败而归。

事后，匈奴单于写信给汉朝，说战事是由汉朝挑起的。

这就是侵略者的不齿，在几千年后的公元 1937 年的 7 月 7 日，另外一个民族也干了一件一模一样令人不齿的事情。

汉文帝明明知道是匈奴在编造事实，但还是答应了当时匈奴的和亲要求。

亲虽然还是在和，但是双方心里都清楚，这种虚情假意的把戏玩不了多久了。

## 天字一号汉奸

老上单于继位之后，汉朝选了一位刘姓诸侯之女，扮作公主前往匈奴和亲，随之一同前往的还有一个太监——中行说。

我们常常听人骂汉奸，有人骂秦桧是汉奸，有人骂汪精卫是汉奸，这“汉奸”一词，也正是出自中行说这里。他就是中国历史上一个真正的“汉”奸——汉朝的奸细。

这个太监可不是一个安分守己的太监，他死活不愿意去，作为一个男人，他娶妻生子的可能性已经没有了，而现在你又让他去匈奴，他于是连自己的国家也没有了。临走时，他威胁道，“必我行也，为汉患者”。如果你们执意派我去匈奴，那么我一定会成为大汉的灾星。

汉文帝当时对这句恶狠狠的话没有在意，他认为这只是一个太监的口舌之快而已。

中行说带着耻辱默默离开了。

一个身体残缺的人自尊也受到了严重的摧残，大祸也就此种下。

没想到的是，到了匈奴，这个中行说果然马上投降了单于。他要开始他疯狂的报复。

中行说对汉朝文化是非常了解的，这个做汉奸的人很快就给老上单于敬献出了他的第一份叛变之礼。

中行说到达匈奴之后，发现匈奴人对汉朝的丝绵尤为喜爱，因为丝绵和匈奴的皮革比起来既暖和又轻便。但是匈奴在这个时候自己根本没有生产丝绵的能力。

中行说看到这一点后，立刻向老上单于说明了自己的立场，他认为，汉朝的丝绵虽然轻薄，但是保暖效果却远逊于匈奴的皮革，对于长期需要抵御寒冷的匈奴人来说，保暖性才是最大的优点。

匈奴的总人口不过是汉朝的一个郡，但是现在汉朝却十分惧怕匈奴，这其中的原因就是匈奴人有自己的生活方式，他们不需要依赖汉朝的食物和服装，但如果匈奴国内大行丝绵之风，匈奴就会养成依赖汉朝的习惯，到了那个时候，匈奴就会自动臣服于汉朝。

这一个建议，无疑是给本来就剑拔弩张的汉匈关系又打了一针毒剂。

不仅如此，中行说还开始教授匈奴人汉朝的文字，他信奉“知己知彼，才能百战不殆”。

中行说以前的工作是宫里的太监，以前的主子是汉朝的皇帝，所以，他对宫中事物和礼俗相当了解，正是基于这种了解，中行说在礼仪上教唆匈奴开始挑衅大汉。唯恐天下不乱。

此后，匈奴每年都会例行公事似的到汉朝的边境烧杀抢掠。

由于中行说的兴风作浪，汉朝的这次和亲非但没有换来所谓的和平，反而给匈奴送去了一个汉朝通。

到了景帝的时候，汉朝仍然坚持他们的和亲政策，用女人换取和平已经成为一种历史沿袭，但是对后来的汉武帝刘彻来说，用羸弱的女人去换取汉朝的可笑和平是他所不能忍受的。

这样，才有了后来刘彻登基的第二年便派张骞出使西域这一举措，这一切的一切都是为一场旷日持久的战争做准备的。

刘彻清楚地知道，这个仗不是一月两月，也不是一年两年就能打完的，也许需要十年，甚至需要一生。

前朝的账是该在刘彻这个时候算一算了。

算来算去，刘彻先算起了自己的银子，打仗可是一件耗费钱财的事情，没有钱就趁早别打仗，武帝之前的景帝和文帝还有高祖是非常清楚这句话的。

武帝初年的时候，汉朝已经得到了七十多年的休养生息，百姓生活富足，长安城中聚集的钱财也是数不胜数，据说栓银子的绳子都年久腐烂了。

刘彻有钱了，并且有的是钱，老爸及祖上攒了几辈子终于攒够他打仗的钱。

资金的问题解决了，打仗的吃住问题也就解决了。

现在只剩下最后一个却也是非常重要的因素了——武器，当时的战争可不像近代，谁家一打仗，立刻就会有一个以国家为形式的军火商站出来，你们只管打，我这里精良的武器多的是，死多少人对我无所谓，我发的就是战争财。

对付匈奴两样东西最重要，战马和弓箭，汉朝初期的时候，战马是非常缺乏的，一匹战马相当于现在的一架战斗机的价格。

而到了汉武帝刘彻的时代，战马数量猛增，价格大概也就相当于现在的一把来福手枪了。

拥有战马的人非常多，战马也就成了一个人身份的象征，那时候座驾的牌子不是看发动机，而是看马的性别，一匹公马和一匹母马的区别大概就是奥迪与夏利的区别。

匈奴骑兵异常勇猛，一方面得益于他们精湛的骑术，还有赖于这些骑兵弓箭使得好，匈奴骑兵，弓不离手，这玩意儿几乎是从小玩到大的。但是汉朝自有汉朝的办法，早在春秋战果时期，中国就有了弩机。当年项羽就是用这种武器射伤刘邦的，细推弩机的原理，它也算是一个半机械化的武器，在那个时候，弩机的杀伤力是非常强的。

钱有了，武器有了，刘彻现在最需要的就是人心。

他要和这些许久不沾战事的大臣们商量打仗的事情了，会有人站在他一边吗?

刘彻立刻摆开了一个 PK 大擂台，他要让他的臣子们说说，对于匈奴，到底是战是和。

主战派和主和派各派出一名代表演讲。

主战派代表是当时的外交部长（大行）王恢，他的演讲题目是：肉包子打狗有去无回。

王恢曾经多次在边地任职，对匈奴人的性格摸得非常透，他觉得不管是和亲还是送礼，对于匈奴来说都是肉包子打狗有去无回，虽然扔肉包子的时候，狗是不会咬人的，但是等到把狗喂肥了，它自会跑回来反咬你一口。对于这样一个毫无诚信的民族，最好的方法就是军事打击，否则的话，大汉将永无宁日。

主和派的代表是韩安国，他演讲的题目是：论游击战。

韩安国认为，匈奴是游牧民族，他们的生活方式决定了他们的作战方式——游击战。

光脚的不怕穿鞋的，我大汉是农耕国家，具有稳定的大后方，但是匈奴人打起仗来却是居无定所。对于汉朝，战争的前期任务就是寻找，当我们千辛万苦找到匈奴部队的时候，早已精疲力竭了，哪还有力气再打仗，这就好比射出的箭，它在快要落地的时候恐怕连丝绵都无力穿过。这也好比将要停止的风，不管它以前是多么风卷残云，到了最后要停的时候恐怕连一根羽毛都吹不起来了。

韩安国这个比喻似乎比王恢的肉包子和狗更能让人信服。

因此朝中多数大臣都是支持韩安国的。

但是在我们意料之外的却是刘彻对于这个结果平静地接受了。

刘彻这次急刹车极大地挑战了我们的思想惯性。这到底是怎么一回事？

## 刘彻的底牌

刘彻公开招标了，谁能猜中刘彻的底牌。

建元六年（公元前 135 年）汉武帝召集朝臣讨论对匈奴是该打还是该和，虽然最终的结果是当时的主和派御史大夫韩安国胜出，但是一支主战的小分队已经在悄然发展了。

根据我们以前的分析，对于匈奴，刘彻是一个彻彻底底的主战派，但是究竟是什么原因让刘彻接受了韩安国的主和之策呢?

看一个人是否成熟，往往就得看他在遇到重大事情的时候还能不能保持清醒的头脑，从这点上来看，刘彻的确长大了，从窦太后摧毁建元新政到今天的对匈政策，一路走来，我们都可以看到刘彻可喜的变化，他不仅学会了克制，同时也学会了积攒，刘彻学会了零存整取。

当皇帝这么长时间，刘彻学会了评估，学会了做买卖，他要用最少的钱买到最好的东西，他要用最少的损失换回最大的所得。

韩安国说的主和虽然窝囊，但也正是这场战争的风险所在，因此，刘彻必须得等待。

到了公元前 133 年，刘彻再次把匈奴战事提上议程，韩安国和王恢再次成了两派的代表。

韩安国这次做的功课显然没有王恢多。

王恢这次将韩安国提出的每一个论点都一一击破。

论点一：对匈奴作战有无必要。

韩安国对此的说法没有新意，他认为匈奴是一个沙漠之国，生活的地方就是蛮荒之地，这种地方就是打下来也会没有人愿意去住。

针对韩安国现实意义的考虑，王恢上升到了国家荣誉。

战国时候的代国北边不仅面对匈奴的侵扰，南面还得对付中原的威胁，即使到了这种地步，代国却始终能保护自己的百姓安居乐业，匈奴也不敢轻易进犯。

看看我们的大汉国，国土面积不知要大代国多少倍，人口不知道要比代国多多少倍，但我们却一味地对匈奴退让，导致现在匈奴越来越嚣张。

一个小小的代国尚可以用自己的勇气让匈奴畏惧，我们堂堂大汉为什么要选择退让。

论点二：是否要效仿高祖。

和亲策略是在刘邦时代兴起的，韩安国这次死死咬住高祖刘邦这个论据，当年，高祖皇帝被困在平成整整七天，连饭都吃不上，脱离困境之后，高祖选择的不是报复，正因为这样，这才换来了之后五代的和平。

你韩安国的论据不是高祖皇帝吗？好，这次我王恢也要用这个论据。

王恢反驳道，高祖皇帝当时主张和亲，并不是因为没有能力打匈奴，实在是因为他菩萨心肠、慈悲为怀不忍心看我大汉百姓遭到战争的残害，这是高祖皇帝一种崇高而无奈的选择。但是现在我大汉百姓连年受到匈奴的侵犯，为了保护百姓，自然得和匈奴打仗。

王恢这一次不仅给高祖刘邦镀了金身，还利用这一点争取到了很多选票。

论点三：如何对匈奴作战

韩安国认为，汉朝如果和匈奴打仗，后勤补给线拉得太长了，而且士兵们经过长途跋涉一定身心疲惫，打仗肯定是要吃亏的呀。

王恢对韩安国这一个论点的反驳准备得最为充足。你韩安国不是死死抓住路上的功夫不放手吗？

好，这次咱们就解决这个问题。

王恢在这一次提出一个作战方案——诱敌深入，我们攻打匈奴不必被动地拉长战线追赶他们，我们可以引诱匈奴到汉朝的边境，然后我们埋伏在指定地点，这样，一定可以瓮中捉鳖。这就是马邑之谋，说得具体一点就是马邑的一个土豪聂壹向王恢提出的一个计谋：匈奴刚刚和我们大汉和亲，警惕性自然不高，在这个时候，我们趁机引诱匈奴袭击马邑，汉军在马邑城内埋伏大量精兵，到时候必定能将匈奴主力歼灭。

这个方案让韩安国顿时无话可说。

说的人和听的人都血脉贲张，情绪激昂。他们仿佛已经听到匈奴战马的哀嚎。

刘彻立即批准对匈奴开战。

刘彻的复仇之路开始了。

## 这个蹊跷太明显

王恢先派聂壹带着货物到长城外与匈奴做买卖。这一来二往彼此就熟络了起来，聂壹很快就见到了军臣单于。

两人的买卖从卖布卖马很快就上升到了贩卖国土，聂壹对单于说他愿意献出马邑这个地方。

军臣单于顿时觉得很奇怪，你这个商人怎么做起土地生意了？聂壹马上表现出了见利忘义的姿态。大王，我图的当然是利益，我现在有一计，可以让大王不费吹灰之力轻取马邑的财物，我要得不多，咱们一九分成。

匈奴人有时候是很实在的，一听说有白给的馍馍，军臣单于非常高兴，马上拍桌子成交。

此时，只有聂壹心里清楚，这是战争，不是买卖。表面迷惑的工夫一定要做到位。

这桩生意谈成之后，聂壹立即赶回马邑，让城中的官员杀了一个囚犯，把他的头颅挂在了马邑城头。聂壹哄骗匈奴的使者说：“我已经取了汉朝官吏的人头，你赶紧让单于杀进来。”

军臣单于一听使者的汇报，便兴冲冲地带领十万匈奴骑兵前来接收马邑城。

汉武帝依计在马邑旁边的山谷里埋伏了三十多万大军，将军分别是李广、公孙贺、韩安国、王恢和李息五人。韩安国为护军将军，执行统一指挥的任务，王恢和李息负责战斗打响后袭击敌后运输辎重的任务，大网是撒好了，汉朝三十万大军在暗处屏气凝神，就等着单于上当收网了。

军臣单于哪里见过这等好事，立刻率军悄悄进入汉朝边界，很快就到了武州（今山西左云县南）地区。

地形是作战的关键，而山岭地区是战争中比较危险的地区。军臣单于见前面就是山岭地区，不由得让大军放慢了脚步。

放慢脚步也就是一会儿的时间。

看出蹊跷也就是这么一会儿的时间。

军臣单于虽然同意了这桩买卖，但他的专业并不是打砸抢，他是一名战士。

作为一名战士，周围的一切都让他十分敏感。他向四周看了看，在草地上有许多牛马在安闲地吃草，但奇怪的是竟没有一个人影。

这未免也太假了，除了那城墙上的人头。这出多余的情景剧也出自聂壹之手，他为了让单于上当，故意制造了这样的太平假象。而这一点实在是侮辱了单于的智商。

单于立刻喝令大军提高警惕，这时候，他已经稍微觉察到这个天上掉的馅饼中有诈了。

随后，匈奴大军轻而易举地攻下这座城池，但单于首先做的不是打砸抢，而是抓来一个官员逼问这其中的蹊跷。

果然，这是个阴谋，军臣单于赶紧率队撤出武州。

打仗是不签合同的，何况你是埋伏，单于的大军已经撤出好远了，汉朝的三十万大军还在原地等待着，时间一分一秒地过去了，可等来等去还是没有看到半个匈奴人。

这个时候，消息终于来了，单于退兵了。

三十万大军想要大干一场的心哪能经得起这般调戏，追！

于是汉朝的大军猛追至关塞，可是看到的也只是匈奴大军的马粪。

三十万大军无功而返。

这时候王恢得知匈奴并没有中埋伏，担心此时会和匈奴精兵相遇，到时候赔了夫人又折兵，可就划不来了。于是他带着侧翼三万人退兵而去。

这场本应该人气爆棚的阴谋大戏就这样草草结束了。

刘彻的胃口本来是被吊得很高的，这是他解开幼年心结的第一步啊，没想到等来等去却等到这样一个消息，刘彻大怒。

尤其怒的是王恢擅自撤兵，对此，王恢做了很多的解释，其实这样的解释也是非常合理的，他为的也是让损失减少到最小。

可此时正在气头上的刘彻哪能听得了这些，你王恢当初说得慷慨激昂，到了开战的时候你却给我撤了回来，真是岂有此理。

王恢见刘彻确实非常生气，后果也确实非常严重，他只得伸手找田蚡帮忙，当然，另一只手也要往里塞金子。

拿人钱财，替人消灾，田蚡当即就找到了自己的姐姐王太后。

王太后赶紧到儿子面前给王恢说了一通好话，但是这非但没有让刘彻消气，反而让刘彻更加坚定了要杀王恢的心。

朕本来已经对你们很不满意了，到现在你们还帮王恢说话，朕派了几十万大军，虽说灭不了匈奴的主力，但怎么也得给朕抓回几个匈奴俘虏意思意思吧，可现在呢，居然无功而返，还想求饶，没门！

马邑之谋确实伤害了刘彻的自尊，王恢自然就是这个昂贵自尊的牺牲品，不久，他就在狱中自杀了。

这个王恢其实死得冤枉啊，当时的情况确实是逞一时之勇就会让汉朝遭遇更大的损失。然而刘彻不管这些，他丢失的尊严确实需要人用性命来埋单。王恢只得付账。

马邑之谋虽说是一次失败的阴谋，但是它却挑破了汉朝和匈奴之间虚伪的和平，汉朝无疑是在告诉匈奴，以前的日子结束了，休想再从我们汉朝带走一个女人。

马邑之谋成了汉匈关系的风水岭，它放下了大汉对匈奴的挑战书。

王恢死后，刘彻无时无刻不在思考，他需要一个人，他需要一群人。

# 星光灿烂的汉朝天空

【第十章】

## 我把青春献给你

平阳府中的邂逅让刘彻得到两个人，一个是爱妾卫子夫，另一个就是我们今天的主人公——卫青。

天上一日，地下一年。

当刘彻心似浮云地想着干掉匈奴的时候，刘彻的深宫中早已是物是人非。

田蚡用间接手段害死了窦婴，但是他却早已没有胜利者的姿态，田蚡虽然身居高位，但早已失去了顶头上司的器重，他比谁都清楚，他能走到今天的位置，完全是拜他姐姐所赐。

窦婴死后的几个月后，田蚡突然得了一种奇怪的病，一个劲儿地喊“认罪”。没过多久，他就死了。

这个人的死完全是自然的，是被自己吓死的。

这个田蚡这么有钱却不找个心理医生。

这样的结局让人匪夷所思，我们只当是对凶手的惩戒吧。

公元前130年，刘彻的后宫发生了一件大事，也正是这件事，让刘彻身边的女人重新排了序。

玉翡，珠钗，霓裳，触目皆是一身皇室的荣华，这个人就是刘彻当年许诺金屋的皇后阿娇，事隔多年，阿娇已经拥有了远远多于金屋的荣华富贵，但是她也正在一天一天地失去刘彻。

刘彻大呼，朕想宠谁就宠谁，谁也挡不住。

刘彻恩宠卫子夫让正牌老婆阿娇久久无法释怀，终于，阿娇积怨爆发竟然用巫师整蛊这一套诅咒卫子夫。阿娇哪料，这阴毒的咒语没有在卫子夫身上灵验，却终究害了自己。

“巫蛊”在自诩为正大光明的皇宫之中是大忌。汉代的法律更是对巫蛊规定了严厉的惩罚。如果某个人家里饲养的蛊虫已经成形并且致人死亡，那这个人要被处以极刑，他的家人也必须流放三千里。

但是巫蛊因为操作简便，隐蔽性强，被怀疑者百口难辩。所以，一直是栽赃陷害对手的必备良招。巫蛊的最强力量并不是他诅咒的本身，而是陷害的本身。综观历史，死在巫蛊名下的人不计其数。元光五年，二十七岁的刘彻以“巫蛊”罪名颁下诏书：“皇后失序，惑于巫祝，不可以承天命。其上玺绶，罢退居长门宫。”自此，刘彻把陈阿娇幽禁在长门宫内，虽然待遇上依旧是皇后级别，但是其中的感情早已不在。过不了几年，阿娇就因病去世了。

如果是一个聪明女人的话，阿娇该释怀。

人们经常把这件事情渲染成爱情悲剧，刘彻也被塑造成一个忘记诺言的绝情帝王。

笔者却不这么认为，是人们的想象惯性非要让仅有几岁的刘彻背上金屋诺言的重量。

皇帝是不用为爱情负责的，因为皇宫之中本没有爱情，至少没有真正的爱情。

这些并不是爱情和婚姻的冷色笑话，这些是皇宫真正的颜色。说刘彻和阿娇之间爱情散尽，不如说是刘彻在告别和疏远一些东西，这些东西就是外戚。

让我们回头看看武帝刘彻这一路走来的印记。

在刘彻心中，有两样东西是久久让他无法释怀的。

其一是匈奴之恨，它让大汉背上了用女人换取安定的懦名。

其二是外戚之耻，当年，刘彻虽然坐上帝位，但是皇宫中这几个有权势的女人，举手投足间全是傲慢，刘彻得不到一点实质上的尊重，因为他知道，他能当上这个皇帝是因为妻子陈阿娇、姑母兼岳母馆陶长公主，而他险失帝位也是因为外戚（窦太皇太后和窦氏家族），最终能保住皇位还是因为外戚势力的手下留情。

这一切的一切对于一个志向高远，心性激烈的年轻帝王来说，绝对是一种铭心刻骨的耻辱。

自此，皇帝新宠卫子夫集万千宠爱于一身。爱屋及乌，他的弟弟卫青也得到了刘彻的青睐，但如果把之后卫青所取得的成就一味地和卫子夫扯上关系，是对卫青的侮辱。

来到宫中，卫青最先学会的就是审时度势，他看见了太多外戚凄惨的谢幕。

在接下来的自选动作中，面对外戚和能臣，卫青选择了难度系数高的能臣。他深知，做外戚风光的只是一时。只有做能臣，才能拥有别人真正夺不走也抢不去的荣誉。

公元前 129 年，匈奴统治者发动了一次大规模的入侵中原战争。匈奴兵一路烧杀抢掠，嚣张无比。匈奴骑兵的先头部队甚至攻到了上谷地区（今天山西省的北部）。

匈奴来了，刘彻一雪前耻的机会也来了。

汉军和匈奴的战斗，汉朝几代人的仇恨，我刘彻都要把它刻在士兵的长矛上。

复仇，是所有人。

匈奴也是人，长矛进去，身上也是个窟窿，我们谈不拢就拉开干一架吧，事实上，我们之间根本没有可谈的。

这一句话，刘彻憋了好多年。

这一次刘彻做了他蛰伏以来的最大动作，他召集高级将领开会，下令立即予以反击。刘彻亲自部署了作战计划。

车骑将军卫青、骑将军公孙敖、轻车将军公孙贺、骁骑将军李广各率一万骑兵分别从上谷、代郡、云中、雁门出击攻打匈奴。

这些人中，最出名的就是当时的李广。李广是陇西成纪人，他的前辈是秦朝的名将李信。作为武将，李广拥有优秀的基因，他也是这几代中箭术造诣最高的。

匈奴人对李广已经是非常了解的，早在汉文帝在位时，李广就曾随军北击匈奴。因为箭法高超，他被封为郎官并侍从在文帝左右。另外，他也时常随汉文帝一同外出打猎，多次射杀猛兽。汉文帝曾对他说："可惜你生不逢时，要是你生活在高皇帝打江山的时候，封你做个万户侯是没有什么问题的，可以光宗耀祖了。"确实，对于一个有才干的将军来说，机遇真的是非常重要。

在汉景帝朝中，李广跟随太尉周亚夫平定"七国之乱"，立有战功，但因为梁王刘武曾经私下给过李广将军印，所以汉景帝就没有重赏他。

汉景帝认为李广是员勇将，就派他到上谷地区当太守。他仗着一身武艺，多次与匈奴人交战。汉景帝怕他太鲁莽，白白地丧命，就调他到上郡做太守。后来他又当过雁门太守、代郡太守和云中太守。李广一直在北方边郡担任太守，所以，在匈奴那里是非常出名的。

此次出兵四路人马，虽然里面有骁勇善战的李广，但得胜而归的却只有卫青，李广甚至兵败被俘，最后侥幸逃回。

两位姓公孙的将军被一起贬为庶人，李广逃回后也被投进了监狱，只有卫青被封为关内侯。

在此次战争中，卫青斩杀了匈奴七百，杀敌人数虽然不多，但此次小胜的意义却非常重大。它不仅打击了匈奴嚣张的气焰，也让刘彻看到了一个将才新星的诞生。

七百个匈奴骑兵成为卫青的刀下鬼，这让匈奴人非常震撼，他们曾经认为汉朝的骑兵只是马上的花瓶，因为在此之前，汉朝和匈奴之间虽然有很多冲突，但是战争也都是在汉朝的边境作战，这次卫青却直入虎穴，来到了匈奴的腹地，攻入匈奴王庭。

卫青这次给匈奴打了一个潇洒的招呼，我们会经常在你家见面的。

这一年的秋天很快就来了，匈奴也迎来了收获的季节，他们收获的不是大把的粮食，而是人肥马壮。

人和座驾的脂肪都攒好了之后，匈奴开始了他们的报复。他们抢夺的不只是财物，他们还要试试水，因为毕竟经常出门抢东西的人这一次却被别人抢了。

刘彻这下也着急了，急忙派老将韩安国为材官将军，驻兵渔阳郡。军臣单于也不甘示弱，派了两万多人马打进汉境，攻杀辽西太守，掳走两千多人。

军臣单于没顾上歇脚就调转马头，立刻围攻渔阳，渔阳太守被匈奴兵击败，老将韩安国被匈奴大军团团围住。

韩安国此时的军队早已失去了战斗力，他能做的常规动作只剩下了逃，这一逃就逃到了右北平，一守就守了几个月。最后，韩安国受不了这熬人的工作，病死在此地。

韩安国死得悄无声息，他生前做的事情似乎也都不讨巧，但他却是一个不可多得的军政全才。

战场上来不及悼念，何况韩安国是打了败仗。此后的匈奴军队越战越勇，又举兵入侵雁门，杀掠汉朝一千多人口。面对这种情况，汉武帝再也捺不住性子了，他决定坚决反击。

刘彻这段时间是真够忙的，外面大战，家里老婆又生孩子了，公元前 128 年，卫子夫生下了刘彻的第一个儿子刘据，此时的刘彻已经二十九岁了，这个年龄在今天都能得点晚育的补贴，何况是早婚早育的古代呢。这个儿子让即将进入而立之年的刘彻大为欢喜，也让他的母亲卫子夫升格为皇后。

刘彻与卫家两姐弟的感情急速升温，也就在这一年的秋天。卫青率三万骑兵从雁门出塞，将军李息从代地出塞，夹击匈奴，这一次卫青的军队斩敌数千人，这次战役就是历史上有名的“雁门之战”。

就是在这里，1937 年 10 月 18 日，八路军曾经也打了一场漂亮的伏击战，被载入中国人民抗日战争的辉煌史册。

匈奴人怒了，他们开始大规模疯狂地报复，不过在报复后面，我们看到的是巨大的恐慌。

匈奴人慌了，立刻派出侦查小组，想要看看卫青这小子到底什么来头?

大量的数据回来了，占大多数的都是分析李广、韩安国这些有头有脸的名将，关于卫青的介绍只有短短一行。

卫青，骑奴出生，受教育较少，读书较少。是当今汉朝皇后卫子夫的弟弟。

匈奴人明白了，又是一个以外戚为贵的将军，狐假虎威的故事在汉朝没少演。他现在能撒野，大概也就是他的皇后姐姐求着大汉皇帝把最好的兵给他吧，纨绔子弟，不足为惧。

匈奴这组没有技术含量的数据分析最终没有让他们看清楚真正的卫青。

从一个奴仆到一个钢铁战士，只是因为一件东西——力量。

卫青这种过人的本领，那是在刀尖儿上滚来滚去，一点一点练就的。

在这个世界上，唯有拥有力量，人才能真正强大，而“外戚”顶多是一支兴奋剂，它的有效期限长不了。

刘彻的时代需要英雄，卫青生逢其时。

## 李广之死

“李广难封！”是命运给予这个飞将军的一声嗟叹。

李广的悲哀在于皇帝不想真正对匈奴动干戈的时候，他打击了匈奴，而当皇帝想对匈奴动手的时候，他已经老了。相比于卫青和霍去病这两位天之骄子，李广连一次封侯的机会都没有得到。

这就是李广的困顿，也是命运的捉弄。

按说李广的资历要比卫青和霍去病老许多。早在汉文帝十四年(公元前 166 年)匈奴大举入侵边关时，李广就从军抗击匈奴了。李广非常善于用箭，到了最后“李广”几乎成为中国神射手的代名词。

后来，李广因为杀死和俘虏了众多敌人而被升为郎中，以骑士侍卫皇帝。吴楚七国之乱时，李广任骁骑都尉跟随太尉周亚夫抗击吴楚叛军。因夺取叛军帅旗由此在昌邑城下立功显名。虽有功，但由于李广接受了梁王私自授给他的将军印，回朝后，没得到封赏。李广失去了第一次封侯的机会，没想到来日却不方长，直到死，李广再也没得到封侯的机会。

一次在和文帝打猎的时候，李广射杀猛兽，文帝当即就慨叹到：“惜乎，子不遇时！”(《史记·李将军列传》)李广啊，李广，你空有这一身本领却也只能是小打小闹，你没有生对时候啊。

景帝给李广的一生定下了一个高音谱符。李广剩下的时光注定奏着一首非常不顺利的歌。

元光六年（公元前 129 年），这是卫青的处子之战，这一次刘彻分别给了卫青、公孙敖、公孙贺、李广一万兵马。结果，卫青杀入匈奴内城，斩敌七百；公孙贺没有找到敌军，白跑一趟，公孙敖折兵数千；最惨的就是李广，全军覆没，最后竟然还被匈奴俘虏，最后有幸才逃出。

元狩四年（公元前 119 年），汉武帝为了歼灭匈奴的主力，决定发动一场更大的进攻。刘彻这次的野心是寻找并歼灭匈奴的主力。这必定是一场盛大而惨烈的战争，也必定是一个为自己的荣誉添彩的战争。这一次，刘彻派出十万大军，组成两大部队，带兵的是大将军卫青和骠骑将军霍去病。

此时的李广只是做了卫青的前将军，就是这个前将军也是李广向刘彻争取来的，这个时候，已经是年轻人的天下了。再加上前面一战，刘彻对李广已经不那么信任了。这一战，竟然是李广的最后一战。

此时刘彻眼中的李广只是一个倔强的老头，出征之前，刘彻私下里嘱咐卫青，李广岁数不小了，运气也不怎么样，这次出兵，让他意思意思就行了。李广或许至死都不知道，刘彻的这一番话让他在出征前的烈烈决心变得毫无意义。

卫青也真实在，当真只让李广意思意思。李广这个在军中的前将军并没有做多久，卫青就让公孙敖代替了他，李广被卫青调往东路。

这个时候的李广深知这是他再现战功的最佳机会，但偏偏卫青要把他调往东路。李广心情极度郁闷。

由于这场战争之前，卫青已经得到一个很重要的情报——匈奴的具体位置。所以，这场战争是一场稳操胜券的战争。

六十多岁的李广怀着郁闷的心情跟着卫青对匈奴打一场稳操胜券的仗，原来这正是捞军功的大好时机，但一直到卫青漠北胜利归来的时候，李广才姗姗来迟，原来李广在大漠之中鬼使神差地迷了路。

被调派去带领偏师还迷了路，李广的运气真是差到家了。

这场战争是怎么赢的一定要说道说道。

卫青在漠北大战中的对手是伊稚斜单于。

伊稚斜的优势那是非常明显，且不说人家匈奴人是守株待兔，就连战斗主场也是人家挑的，而此时的卫青必须"出塞千余里"才能拿到战斗的门票。

卫青出塞之后，抓了俘虏问出了单于所在的地方，便赶紧带兵前往，前将军李广和右将军赵食其"出东道"。后将军曹襄和左将军公孙贺的行动，史书中到没有什么详细的记载。

但可以肯定的是，他们没有和卫青在一起，因为当时描述这一段的时候是卫青"自以精兵走之"。我认为，他们的行军速度是远远赶不上卫青的。

对付不远千里来到漠北的汉军，伊稚斜完全可以采取"避其朝锐，击其暮归"的打法，也就是我们所说的"躲避战"。但是伊稚斜选择的是正面交锋。

因为这个时候的汉军经过长途跋涉，人和马早已非常疲惫了，在得知汉军挺进漠北的消息后，匈奴人非常高兴，不仅是高兴而且喜出望外。毕竟，漠北在这个时候对双方而言，都是一个新的战场。

战争的主动性虽然掌握在卫青手里，但是对于卫青而言，占很大一部分时间的事情是不得不去寻找，要想取得战争的胜利，必先找到敌人。

卫青率先进入战场，后将军和左将军在战斗打响后抵达，而前将军和右将军因迷路错过了漠北大战！

因此，在战斗的一开始，伊稚斜单于便在兵力上占了很大的优势！

面对严阵以待的匈奴“精兵”，卫青“令武刚车自环为营，而纵五千骑往当匈奴”。

车阵是防御骑兵的战术之一。请注意，卫青这个时候摆的阵型是一个“圆阵”，而圆阵是最好的防守阵形。

五千骑兵的先敌出击，是攻中有守，守中有攻，这种战术充分体现了卫青高超的指挥艺术。对五千骑兵而言，他们的出击，是一次进攻。但是在卫青看来，既是进攻战，也是防御战，挡住匈奴人，迟滞匈奴人，为战争争取时间。只要“武刚车自环为营”，那么即使暂时处于下风，也可以有时间等待援军，择机再战！同时，五千骑兵的先敌出击，也是想在气势上先吓住匈奴人！

对于五千人，伊稚斜单于以一万骑兵迎战。他的意图十分明显，那就是要凭借人数上的优势，迅速打击汉军。

但是，伊稚斜过于低估了汉军的战斗力，一万匈奴骑兵对五千汉家骑兵无可奈何！

伊稚斜在人数占优的情况下处在了下风。而卫青则完成了他的第一步，并等来了曹襄和公孙贺。战场上的形势很快扭转了，而伊稚斜也未能及时察觉汉军的兵力已得到了加强！

沙漠的气候总是瞬息万变，在太阳快下山的时候，战场上突然出现了沙尘暴！史书中对这次紧急气候的描写是“大风起，沙砾击面，两军不相见”。

而卫青“纵左右翼绕单于”，一举奠定了胜局！一遇到天气突变，我们经常说仿佛天有神助，其实不然，突然出现的沙尘暴对于交战的两方都非常不利。

但是由于匈奴人对这种天气的适应力更强一些，所以对汉军更为不利，沙尘暴对汉军战斗力的削弱要比匈奴人大得多！

沙尘暴使战场上的能见度降低，就是这种模糊状态正是发动突然袭击的大好时机，老天对于战争双方是非常公平的，不存在帮谁的问题，这个时候，就看谁先想到，先利用了。

卫青在第一时间捕捉到了这个战机，以左右两翼包抄，用这种常规的骑兵战术，完成了对匈奴的致命一击！

包围圈中的伊稚斜看到“汉兵多，而士马尚强”，彻底丧失了战斗和抵抗的意志，在天快黑的时候，伊稚斜做了逃兵。

反观伊稚斜，在敌人优势的时候，没有抓住机会发挥自己的优势；在敌我都遇到困难的时候，没有抢先想出解决的办法；在自己劣势的时候，又因为对手的强大而顿时丧失了斗志，到了最后，竟然只顾自己逃命而丢弃了大军。

可以说，这一仗卫青已经从心理上和意志上击跨了敌军！

以上就是这场经典战争的粗浅分析。话归正传，说说李广的迷路。

这次蹊跷的迷路，卫青自然要一个解释，但李广拒绝回答，我打匈奴的时候，你还穿开裆裤呢。

但这毕竟是军规，不是你倚老卖老的地方，卫青叫人带话，要当面质问李广。

士可杀不可辱，本来李广到了偏翼就不是自己愿意的，带着怨气上路，李广的脑袋自然不清醒，这其中的原因本来很好叙述，但是李广放弃了，六十多年的峥嵘岁月涌上心头，李广既无奈又悲愤。

刘彻和卫青在质问李广，李广却在质问命运。

一片狼藉之中，面容模糊的李广独立于废墟之中，注视着前方依旧飘扬的旌旗，可是胜利的荣耀再也不属于他了。

于是，李广挥刀自杀了，死亡此时之于李广恐怕是最大的解脱。

我们不禁也要和李广一起质问命运，这难道就真是命吗?

这两个答案本来都是不必多说的结果。命运老儿和李广又没有仇，导致今天的这一悲情结果，和李广自身的性格是分不开的。

战场并不是武林大会，也并不是谁的身手好谁就能傲视群雄，一个成功将军的军事素质一定要和他的战斗素质成正比。

而战斗素质正是李广所欠缺的。李广确实有才，但关键的是他不承认别人也有才，这就造成了他的恃才自负和唯我独尊，最终命运被他自己演得变了样。

央视热播的一则运动广告，大致意思是这样，运动员一定要忘记自己曾经赢过才能再赢。可见，李广就是久久不能释怀自己曾经赢过。是的，是这样的。

接下来该年轻人上场了。

## 亲上加亲

匈奴单于在没有得到真正的大汉公主之前有很大的疑问，真正的大汉公主到底是什么样的?

这个疑问，我们今天用平阳解开。

平阳本不是平阳，这是她第一次婚姻给予她的封号，历史上有很多平阳公主，但让人记住的却也为数不多，大汉平阳公主算一个。

但凡历史能接受和记住的女人大多都是克制的，但平阳公主却以另一种方式释放着自己的心绪。

从平阳给刘彻介绍对象的途径我们就可以看出，平阳公主的丈夫曹寿死了之后，平阳并不是一副寡妇形象，相反，平阳活得非常有兴致的，府中天天歌舞升平，也算是自得其乐。

这个时候卫青在军中已经呆了近十年，从一个青涩的少年成长为一个可以领军的青年将帅。家奴的出身曾经让卫青在起跑线上的时候就被人甩在千里之外。如今的卫青变成了贵极人臣的大将军，朝中官员无不巴结奉承。

这时，寡居在家的平阳公主要在列侯中挑选丈夫，这段婚前序曲被史书仔细地记录下来。平阳公主向周围人广泛征求意见，许多人都说大将军卫青合适，平阳公主笑着说：他是我从前的下人，过去是我的随从，怎么能做我的丈夫呢？左右说：大将军已今非昔比了，他现在是大将军，姐姐是皇后，三个儿子也都封了侯，富贵震天下，哪还有比他更配得上您的呢。

平阳是个聪明的女人，世人往往把这一段描述成平阳是明知故问。

这个信息很快就传达给了两个人，一个是卫青，一个是皇帝。

刘彻知道后，失笑道：当初我娶了他的姐姐，现在他又娶我的姐姐，这倒是很有意思。于是立即拍板同意。

平阳公主惊人地早慧，体现在她对政治与爱情之间的抗衡有着敏锐的观察和清楚的认知。聪明的女人会将两者融合。

我们当真是不能只通过史料来说明一段爱情，平阳此时也有很多理由爱上卫青，一个下等男人有这样不骄不躁的志气，已经是一种很奢侈的贵族精神了，除去功名利禄的外在之物，这个男人的内心世界应能配得上我。这一切本来就不是一道权力和爱情的选择题，平阳公主比她的母亲王娡、汉武帝的皇后陈阿娇、卫子夫都要聪明的是，她不贪心。

而卫青，我们也不必因为他牵扯了太多关系而探究他在此次婚姻中的目的，我们只能这样想，卫青就是卫青，如若不然，即使加上全人类的智慧，历史都是我们想不出的一道谜题。

时迁事移，当年的仆人就这样做了主人的丈夫。这样一来，卫青与汉武帝亲上加亲，更加受到刘彻的喜爱。但卫青为人谦让仁和，敬重贤才。

“我上头有人！”这是卫青从来不说的话。

我们假设一段大婚当天的对话。

平阳：这桩婚事，将是天下所有人的谈资，但是，对此我毫无畏惧，那么你呢?

卫青：沉默

于是平阳懂了。

卫青在四十八岁那年去世。平阳死后跟他合葬。两座墓紧紧挨着。（与主合葬，起冢像卢山云。）

其实叙述到这里就该点到为止了，如果卫青不是卫青，那么他会傲视着这个越织越密的权力大网而大笑，可这个人是卫青，假使和这个网有关系，这其中起作用的也是抹不掉的血亲关系。

卫青在外戚权力的纵横交错中全身而退。好样的，古人不能再世。

## 买一送一

汉朝的天空，星光灿烂。

但是在后人看来，这些光芒并不只属于这个时代的几位名垂千秋的帝王。司马迁、张骞、卫青，这些人在历史的天空中同样熠熠闪光。

然而，这里也有一个最容易被人忽视的问题，这是个优秀的戏班子，谁随便吊两嗓子都能在历史上有点动静，但是给他们搭戏台子的人却决定了他们的演出效果，他们太需要这么一位手艺精良的后台，来做他们的稳压器。

刘彻就是这样一个稳压器，正是他，开启了汉朝的造星工程。

买一赠一的好事还在继续。刘彻万万没有想到，他一直抵触的外戚区域竟是藏龙卧虎。

刘彻等的人，叫作霍去病。

霍去病，卫青的外甥，卫子夫是他姨，刘彻是他姨夫。

以往介绍历史人物总要从他爹妈说起，大姨、二舅基本上没机会露脸，但对于这位大英雄，能写上履历表的大概也只有他舅和他姨了，这两个可真是光耀门楣的角色。

但这霍去病总归不是石头缝里蹦出来的吧，霍去病的出生是比较传奇的，而这个传奇又是以比较丢人著称的。霍去病是平阳公主府的女奴卫少儿与平阳县小吏霍仲孺的儿子，但是霍仲孺这位有胆做没胆认的小人物始终不敢承认这个儿子，于是霍去病只能以私生子的身份降世。父亲不敢承认的私生子、母亲又是个女奴，霍去病别说起跑了，就是离起跑线也是十万八千里。

但命运的惊奇之处就在于，往往会以一个比较悲惨的预告片预演一出精彩的戏，只不过这场戏虽然精彩，却只有短短的二十四幕。

大约在卫子夫刚刚进入了汉武帝后宫的时候，霍去病刚满周岁，他的姨母很快被封为夫人，仅次于皇后。霍去病的舅舅卫长君、卫青也随即晋为侍中。这样，不仅卫氏家族的命运改变了，多年来汉匈之间的攻守形势也改变了。

在卫青建功立业的同时，霍去病也渐渐地长大了，在这样一个舅舅的影响下，他自幼精于骑射，最重要的是他继承了舅舅身上一种难能可贵的气质。他那个时候年纪虽小，但却不屑于像其他王孙公子一样待在长安城里放纵声色享受长辈的荫庇，他渴望像舅舅一样杀敌立功。

很快，这样的一个机会来了，未满十八岁的霍帅登场了。

元朔六年（公元前 123 年），汉武帝再次筹划了一场大规模的对匈反击战（即历史上著名的漠南之战）。这时候，霍去病还只是一个不到十八岁的孩子，让刘彻惊讶的是这样一个孩子竟然主动请缨上战场。

刘彻给了他很高的殊荣，霍去病作为骠姚校尉随军出征。

这个孩子似乎天生就是为战争而生的，在战场上，霍去病嗅到的不是死亡的腐臭，他看到狼烟和敌人就会变得非常兴奋，他血里带风。

在战场上，霍去病一而再地要人，最后要来了八百骑兵。就这样，他凭着一腔热血和骁勇善战，率领着自己的第一批士卒在茫茫大漠里奔驰数百里寻找敌人踪迹，最终他独创的“长途奔袭”遭遇战首战告捷，斩敌二千余人，匈奴单于的两个叔父一个毙命一个被活捉，而他的八百骑兵则全身而返。大喜过望的汉武帝立即将他封为“冠军侯”，赞叹他的勇冠三军。

这就是霍去病的首战，一气呵成的叙述让我们仅看文字都特别的爽。

霍去病以夺目的战果征服了刘彻，他向世人宣告，汉朝最耀眼的一代名将横空出世了。

## 河西一战

初战告捷令霍去病脱颖而出，所以在下一次重要军事行动中他成为刘彻攻打匈奴的首选人物，在这里与其说是霍去病喜欢冒险，不如说刘彻更喜欢冒险。

刘彻也曾经有过十九岁的年龄，那个时候他一样抱负满满，却找不到展示自己的舞台，但这一次，刘彻决定给这个英勇的少年一次机会。

之前一战的八百人是刘彻对于霍去病有待考量的数据，但是历经这场战役之后，刘彻似乎知道有些人天生就是要赋予使命的。

元狩二年（公元前121）的春天，汉武帝任命霍去病为骠骑将军，给了他一万精兵和满满的信任。霍去病独自率领精兵一万出征匈奴。这就是河西大战。

这是一次远程进攻战。

这个时候的匈奴已经让汉军赶出了漠南，匈奴单于和主力右贤王也只好往漠北行进，于是对汉军威胁较大的河西走廊中的匈奴兵力已显得非常单薄了。

匈奴空出这么一大块肥肉刘彻是不会放弃的，刘彻要对独守河西的匈奴浑邪王、休屠王等部发起进攻。

这一路打过来，霍去病采取的是“坦白从宽，抗拒从严”的政策，对降服者予以安抚，对抵抗者则个个击破，大战之中甚至连单于的儿子都差点被霍去病俘虏。六天之后，霍去病率军向西北进击千余里，这位十九岁的统帅不负众望，在千里大漠中闪电奔袭，打了一场漂亮的大迂回战。六天中他转战匈奴五部落，一路猛进，击杀匈奴折兰王、虏胡王、虏浑邪王之子及相国、都尉，获休屠王之祭天金人，共斩敌8900余人。

大汉朝原本的孤星高照成了今天的双星闪耀，霍去病的小星星闪得一点也不比舅舅卫青暗。

从此，汉军军威大振，而十九岁的霍去病更成了令匈奴人闻风丧胆的战神。自此，匈奴患上了和中国足球一样的症结——“恐霍症”，逢霍必败的咒语在他们的身上一次又一次的应验。

同年夏，为了巩固胜利果实，刘彻决定再来一次。入夏的一天，鸟叫虫鸣，草木泛金，这个美丽的背景却给一场盛大惨烈的战争做了伏笔。

第二次河西之战。刘彻似乎是有意让卫青休息，而让霍去病第三次挂帅，合骑侯公孙敖率数万骑兵出北地，分两路进击河西匈奴。而多年的老将李广等人只作为他的策应部队牵制左贤王。

霍去病此战绕圈打仗，率精骑渡过黄河之后，沿着沙漠的南边，向西北迂回至居延泽（今内蒙古额济纳旗北），又转向西南，沿弱水（今甘肃纳林河）转向西南至小月氏（今甘肃敦煌市南湖镇旧关遗址西南），又转向东，至祁连山（今甘肃肃南裕固族自治县中部，酒泉市南），大破酋涂王。然后经狐奴水（今甘肃石羊河）、乌盭山（今甘肃乌鞘岭）而回到陇西郡治狄道(今甘肃临洮)。匈奴被局部击败后，散布在各处的零星军队纷纷得到消息，并采取了统一的步调——向后，撤退。

霍家军的英勇将士们凭着特别能吃苦，特别能战斗的精神前后降俘匈奴 6500 余人。其中包括单桓王、稽沮王、呼于屠王、酋涂王及五王母、单于阏氏和王子 59 人，相国、将军、当户、都尉 63 人，斩遬濮王等 3.2 万余。汉军亦损失十分之三。

俗话说，老马识途，但令人哭笑不得的是，配合作战的公孙敖等常跑大漠的“老马”居然在大漠中迷了路，没有起到应有的助攻作用。

霍去病再次孤军深入，胜利再一次光顾了这位英勇的将军。公孙敖因迷失方向，未能如期与霍去病军会合。李广部 4000 骑出右北平数百里，因张骞部未能按时出塞，被左贤王 4 万骑包围。李广以圆阵对外防御，大战两天两夜，死伤过半。

再看看匈奴这一边，习惯以胜利者姿态出现的匈奴单于伊稚斜怒了，他怎么也想不到以前像群羊的汉朝大军这次怎么杀红了眼，一个乳臭未干的小毛孩为什么会大败他这群草原上的雄鹰。

伊稚斜愤怒地看着打了败仗的休屠王和浑邪王，眼神中杀气腾腾。

这两个打了败仗的王知道性情凶残的伊稚斜单于是不会放过他们的。于是二人一不做，二不休，干脆降了汉军。这投降也带后悔的，投降途中休屠王的血液忽然涌上，他明白自己站错队伍了，想要反悔。刚建成的投降同盟有一个已经后悔了。

浑邪王铁了心地要投降，最终他把这个没有搞清站队方向的队友杀了。

4 万余断了翅膀的匈奴雄鹰向汉军走去，这次不是大战，这次是去投降。

这次投降是真是假，首先怀疑的就是刘彻，于是刘彻又派霍去病前往黄河边接受降军，同时连带验验货。

当霍去病率部渡过黄河的时候，果然本来说好了要投降的匈奴部队一看敌人来了就红了眼，忘记了自己的政治使命。

面对这样的情形，霍去病竟然只带着数名亲兵亲自冲进了匈奴营中，似乎这支部队真的就已经划在他名下了，他找到了当时的降军统帅浑邪王，下令他诛杀红了眼的士卒。

我们永远也猜想不出此时的浑邪王心里都在想些什么。那一刻他完全有机会把霍去病扣为人质或杀之报仇，只要他这样做了，单于不但不会杀他反而会奖赏他。然而最终浑邪王放弃了，他被这名敢于孤身犯险不惧生死的少年将帅镇住了。草原上的鹰见到比他更凶猛的动物是会畏惧的，霍去病就是这种动物。

霍去病的气势不但镇住了浑邪王，同时也镇住了四万多名匈奴人，红眼病并没有传染更多的人。

经此一战，汉匈两方的形势都起了很大的变化，匈奴不得不退到燕支山北，汉王朝收复了河西平原。曾经骑在汉王朝头上拉屎、使汉朝人家破人亡的无数匈奴终于也唱出了哀歌："亡我祁连山，使我六畜不蕃息；失我燕支山，使我妇女无颜色。"

匈奴的优势已经开始慢慢地消失，伊稚斜没有想到中原汉王朝在四代皇帝的励精图治之下开始变得如此强大。

汉王朝此时也发行了新版地图，因为他们的版图上从此多了武威、张掖、酒泉、敦煌四郡。河西走廊正式并入汉王朝。这是中国历史上第一次接受外虏的投降，不但使饱受匈奴侵扰之苦百年的汉朝人终于扬眉吐气，更从此使汉朝人有了身为强者的信心。刘彻终于看到了这一天。

太阳如常地照耀着这个经历了战火的国家，太阳如常地照耀着霍去病。黄河和长江像两条银带缠绕滋润着山地丛林。霍去病的气势从此成为中国历代兵家一生的最高追求，终生奋斗的梦想。而这一年的霍去病，年仅二十二岁。

眩目的年龄，眩目的战果，这时候的老天都开始嫉妒他了。

在完成了这样不世的功勋之后，霍去病也登上了他人生的顶峰——大司马骠骑将军。然而老天似乎是有意让他只伫立在这个顶峰，伫立成一座雕像。

霍去病虽然在这个时候和卫青获得了同样的荣誉，但是年龄摆在那里，所以这两个大司马的含金量是不一样的。

年轻加荣誉就是神话。刘彻时不时地读这则神话，读着读着就会笑出声来，这样的一员大将，真的是上天赐给我的啊。可是，刘彻笑得太早。不久之后，刘彻就给了这位年轻的将领一张罚单。

原来，战争过后，获胜的汉朝中也并不只有快乐的声音。李广的儿子李敢就不高兴。

他不明白为什么誓要战死沙场的父亲会自杀。对于一个战士而言，没有死在战场上是今生最大的遗憾,而且这个战士还是曾经的“飞将军”李广。

李敢认定这其中一定有什么蹊跷，李广的大将军是卫青，这一切一定与卫青有关。

年轻气盛的李敢提着剑直奔卫青幕府。

而此时的卫青正和他的妻子平阳公主进行着一场并不怎么开心的谈话。

平阳公主认为刘彻太偏心于霍去病而冷落了卫青，卫青虽然心中也有小小的疑惑，但是忠厚的性格让他不愿多想，也不能多想。刘彻的脾气，卫青没有太多精力去揣摩。日子平静就好。

正在这个时候，李敢大呼小叫地闯进来，拔剑就要和卫青火拼，卫青的身手对付李敢那肯定是没问题。

在将军府上撒野怎么得了，情绪激动的李敢立刻就被士兵团团围住。

卫青发话了，放他走，这件事不要张扬，就此打住吧。

卫青当然明白李敢为什么来闹事，对李广的死，卫青也是非常遗憾的，可惜李敢不明白。

这件事立刻让同为大司马的骠骑大将军霍去病知道了，这还得了？

李敢是霍去病的手下，而今，他竟然去我舅舅那里闹事，火冒三丈的霍去病在一次陪同刘彻捕猎的途中用箭射杀了李敢。

这老李家到底是怎么回事，两代将帅都死在了莫名其妙的事情上。

刘彻一听此事，大动肝火，连踢带踹，连手带脚地把霍去病给打了一顿，刘彻这个时候的年纪可也不小了，这一套组合动作确实费了他不少力气。

刘彻不明白，他这么看重的霍去病怎么就这么莽撞呢？我刘彻当年受了多少窝囊气，我还是皇帝呢，我都忍住了，你霍去病为什么不能？

刘彻一气之下把霍去病打发到了朔方，说是打发，其实和爹打儿子一样，过段日子也就消气了。

可刘彻万万没有想到，这一别竟是永远。

霍去病这个名字并没有给他带来多少延年益寿的庇佑。两年之后，二十四岁的霍去病染病去世了。

二十四岁，正是生命如朝阳蓬勃，功业如日中天之时，霍去病却病归黄泉撒手人间，我们怎么也不会想到，能战胜千军万马的少年将军竟然战不过自己的发肤。他留给人们太多遗憾。

让我们再回顾一下这个少年短暂却英雄的一生。

霍去病作为根红苗正的本土外戚，也随着这其中的风光而享受到前所未有的万千宠爱，但身为标准外戚的霍去病似乎是这一狂潮逆风而行的闪亮异数。霍去病虽为奴子，但是他出生时却是含着金汤匙，但他从来不曾沉溺于富贵豪华，他将国家安危和建功立业放在一切之前。刘彻曾经为霍去病修建过一座豪华的府第，霍去病却拒绝收下，并说："奴未灭，何以家为？"这简短而有力的八个字深深地刻在霍去病的心中。

在这个残酷的战争年代，霍去病俨然是当今外戚花瓶派中难能可贵的幸存者。不仅幸存，而且存在得英勇。

不知道大家见过沙漠没有，那种荒凉和浩大只一眼就会在人心头留下刻骨铭心的恐惧，笔者也是多年前随着旅游团拜访过那一地的荒凉，就算是团里几十个人一起分担这大漠之中的战栗，人还是会在冷风中瑟瑟发抖。

此时，越发地想起霍去病，这个少年在这样的环境下，用自己内心无惧的勇气，凭着一副侠骨，一颗忠心，镇定指挥，每战必胜。我常人很难想明白，到底是什么让他那么蔑视死亡。

大概是他对死亡的蔑视触怒了老天，也只能这样解释了。

刘彻舍不得霍去病啊，他把霍去病的陵寝安葬在了自己的陵寝旁边。

霍去病把短暂美好的青春献给了他的国家，奉献给了他的帝王。

## 抢饭碗

我们接着说说在大将军幕府卫青和平阳公主进行的那一次不怎么愉快的谈话。

谈话的内容涉及到了一个主题，那就是抢饭碗。

抢饭碗的事情我们见得多了，经典的故事架构就是，A 辛辛苦苦培育了 B，但是 B 在之后却超越了 A，乃至和 A 抢饭碗，于是 AB 恩情不在，反目成仇。

滋生这种故事的最好温床就是从事同一行业，而且还遇到一个喜新厌旧的主子。

刘彻、卫青、霍去病，这三个主人公都在，而且人物背景差不多也符合抢饭碗的条件，可是，这场小内讧还真没打起来，这里，我们不能不折服于两位将军优秀的品质。

汉武帝对霍去病是非常喜爱的。霍去病的死让刘彻非常伤心，他调来铁甲军，列成阵沿长安一直排到茂陵霍去病墓地。他还下令将霍去病的坟墓修成祁连山的模样，彰显他力克匈奴的奇功。

霍去病在世的时候，刘彻曾经三次封侯，公元前121年，霍去病河西之战两次大胜而归，刘彻连封两次。秋天的时候，霍去病又成功接手匈奴降兵，再次被封。

立了战功封侯是非常正常的，但是刘彻对霍去病的封赏如此快速、密集，足见刘彻对霍去病的喜爱程度。

霍去病被发现之前，在军中独掌军权的人是卫青，就像爸妈宠惯了老大，谁也没和老大商量就生了个小的。霍去病就是这个小的，霍去病在军中的地位迅速提升，打破了卫青的专属宠爱。

这样一个开头，发展好不到哪去。

可人家这一老一少两将军，不仅军事本领过硬，就连人品也是没的说。

刘彻是一个性情中人，他十分偏爱这个小的，有的时候甚至忽略了卫青的存在。而此时的卫青是喜忧参半，高兴的是这老卫家又出了一个青年才俊，烦恼的是，卫青已经感受到了长江后浪推前浪的冲击。

那么卫青到底对此是什么态度，我翻了翻史书，竟然鲜有记载，也就是说，卫青基本上保持了沉默。

沉默其实是最大的宽容，让我们再一次向这位老将的胸怀致敬。

这不仅仅说明卫青是一个宽容的人，也说明他是一个明智的人，阅历丰富的他，从这个皇帝身上看到的是一种向前衍生的趋势，和不可撼动的力量。卫青还知道，这种力量虽然现在不会爆发，但是却以每秒钟很快的速度疯长着。而事实也正如卫青预料到的那样，刘彻为了防止外戚实力过于强大，避免诸吕之乱的状况再次发生，有意在疏远卫青。

卫青很能摆得清他和刘彻之间的君臣关系，说明白点就是，卫青知道自己是干什么的，所以无论皇帝怎么恩宠霍去病，他都不会表现出半点怨言，这点我们在史记中可以找到证据，这个证据的形式就是我们在史记中找不到任何有关卫青不满的只言片语。

霍去病这个青年才俊似乎也不热衷于权力那一套，霍仲孺——霍去病的亲生父亲当初不愿做胎中霍去病的父亲，母亲卫少儿也就从来不曾告诉过他自己的身世。当他立下赫赫战功之后，终于知道了事情的真相。成为骠骑将军之后，他来到了平阳，向当年抛弃了自己的父亲霍仲孺下跪叩拜，霍仲孺此时已经羞得不敢抬头了，他甚至不敢相信，眼前这个青年到底从谁身上继承了这种美好品质，他不像我啊。

随后，霍去病为这个曾经以他为耻的父亲置办田宅，还把后母的儿子霍光带到长安栽培成材。

这次，我们有着和霍仲孺一样的疑问，霍去病的血液里到底有着什么样的 DNA。他一生四次领兵正式出击匈奴，都以大胜回师，灭敌十一万，降敌四万，开疆拓土，战功比他的舅舅卫青还要壮观。对于整部世界军事史和中国军事史来说，霍去病都是彪炳千秋的传奇。

千载之后，世人仍然遥想少年大将霍去病的绝世风采，为他的精神和智勇而倾倒，为他那不恋奢华保家卫国的壮志而热血沸腾。

# 第十一章 我要真正的天下

> 从安抚到征服

> 远方的小国

> 全方位的统治

## 从安抚到征服

匈奴伊稚斜单于看到自己连吃几次大败仗，损失了不少人马和牲畜，也想先休息一下，所以汉匈边境也出现了一年无战争的和平景象。尽管不时还有小队匈奴人马的骚扰，但汉匈边境上大军猛进时扬起的滚滚烟尘已经见不到了。

但双方的统治者还在暗自盘算，伊稚斜单于就是想在大漠后面养精蓄锐，而刘彻则继续巩固旧战场，开辟新战场。

这是一次真正意义上的大国崛起。

刘彻的野心伴着他每一次的胜利疯长，每一次的失败小长，反正无论怎么都在长。

刘彻一生都在诠释着他帝号中的武字，许多片未知的领域都隐藏着刘彻的勃勃野心。

广征四夷，教通四海。

这句话在刘彻心中喊了一千遍，一万遍。

南越是刘彻此时的目标。

早在秦始皇统一天下的时候，就在南越地区设置了桂林、南海、象郡几个行政区，并且那个时候已经有秦国人和越人杂居的现象了，两个民族的人民相处得还算融洽，两族人民的文化也在急剧融合。

到了秦二世的时候时，南海尉任嚣见二世昏庸、中原大乱，本想统领百越，独霸一方，但可惜的是心长命不长，病魔缠身，他知道自己将不久于人世，就招来了手下心腹龙川（今广东惠州）县令赵佗。

临死的人的煽情本领都不是盖的。

任嚣拉着赵佗的手对他说："这个秦老二比他老子还暴虐无道，天下人都非常痛恨他。听说陈胜、吴广起兵之后，又有项羽和刘邦的争夺，中原一片纷乱，不知何时才得太平。番禺有山有水，地势险要，南海郡东西有几千里，您也别嫌小，就别跟着搀乎中原那码子事情了，就在南海安安生生建立一个国家吧。我这病恐怕是不行了，一切就全都靠你了。"

这些话说完，任嚣确实是没有甩胳膊就过去了，在临死之前，他还伪造了一道诏书，诈称秦二世封赵佗接替他的南海尉一职。

任嚣这假证办得是非常重要的，也就是这么一个假的诏书增添了赵佗的勇气。

赵佗本来就是中原人（今河北正定南）。任嚣一死，赵佗正式继任，并立即移送檄文给横浦（今广东北江东源浈水）、阳山（今广东阳山）、湟谿关（今广东英德南）这几处的秦朝守吏说："反叛的盗匪们很快就要攻打过来了，马上断绝与中原的道路，在关卡聚兵自守。"

也正是这道命令让南越和中原地区因此断绝了联系。

赵佗又逐步地采用各种手段诛杀秦朝在南海郡设置的长吏，然后全部换上自己的亲党心腹，掌控了南海郡的军事、行政和经济等方面的大权。

这南越还似乎真的成了真空地带。

秦朝灭亡之后，这有名无实的东西连最后的名都没有了，赵佗更加有恃无恐，他用手下的兵力在南方发起了兼并战争，桂林和象郡也成了他的势力范围。赵佗统一了南方，割据固守，自立为南越武王。

到了高祖十一年 ( 公元前 196 年 )，那个时候的刘邦只是一心为了统一中原，南越的事情他根本没有时间搭理。

最后只好先采取容忍的态度，派遣使臣陆贾带着诏书、南越王印和丰厚的礼物去招抚赵佗。让他团结百越，不为南边患害。

这赵佗也是给点阳光就灿烂了，刘邦这种默许式的态度让赵佗心满意足，就连打扮也换成了越族人的服饰。他左袒梳髻，傲慢地让陆贾进来相见。

陆贾刚到南越，赵佗的态度就傲慢无礼，一般的人见了这种场面大多也会给予一般的反应，你抬我也抬，你摆我也摆。

可惜陆贾不是一般人。

他非但没有生气，而且搬出一堆大道理对赵佗说："您本身也是个中原人，根在中原啊。亲戚、兄弟的坟墓都在正定呢。可如今你看看你做了什么，你竟然背叛父母的国家，忘记骨肉之情，放弃了中原的服饰，想对抗大汉天子而成为父母之邦的敌人，这样必将大祸临头。汉朝听说你在南越自立为王，本来要发兵征伐，因为不愿连累百姓，所以特意让我送来南越王印，正式立你为南越王。大王就应用臣下的礼节来迎接皇上的诏书。如果大王抗拒皇上，不服从朝廷，那么皇上一定先掘了你的祖坟，灭你的宗族；到时候只要派一个副将率十万人马来问罪，踏平南越只是翻翻手那样容易。”

赵佗听了陆贾的一席话，立刻就感觉他说得很有道理，于是便向陆贾道歉说：“我在这个蛮夷之地住了很长时间了，一时间忽略了中原的礼节，确实不妥，确实不妥啊。”

自此，赵佗恭敬地接过南越王印，做了汉朝的臣下，奉守汉朝约法。也就是从这以后，赵佗做了汉朝的南越王，虽然与中原的来往很少，但南方边境也还算安宁。

然而这样的安宁并没有维持多久，到了高祖七年（公元前 188 年）的九月，这个时候汉朝的大权全部掌握在吕后的手里。这个吕后看南越不顺眼了，她认为虽然南越王是汉高祖封的，但那只是一个外臣国，不受朝廷的直接统治，因此一向不作为中原的诸侯看待。在吕后临朝的第四年（公元前 184 年），想制服南越的吕后就在长沙国通往南越国的地界上设立了关卡，严格检查禁运的货物。吕后下令：“禁止把铜和铁以及农具卖给南越。就是卖给他们马牛羊的时候，也只能卖给他们公的，不给母的。”

这下把赵佗给气的啊。但吃总归要吃吧，劳作也总归要劳作吧。

没办法，赵佗只好三次打发人专程去向汉朝上奏章，承认过错，请求通好。没想到汉朝这次更绝，直接扣留了南越的三个使者：内史藩、中尉高和御史千。

赵佗和汉朝翻了脸，这么一翻脸就开始了南越和汉朝的悲欢离合，在这期间，双方经历了闹翻再和好，和好再闹翻的种种经历，活脱就一对吵架的小两口。

南越在汉初是百越中文化最先进的，也是与汉文化融合最好的一个外臣国。地域在东南各小国中最大，东西数千里，后扩大到万余里。这大蛋糕的鲜美任谁都难免垂涎。但谁都没有轻举妄动。

汉朝初期的时候，朝廷羸弱，那个时候是没有力量去进攻南越的，所以，一个词就应运而生了——“安抚”。

这个词完全是撑面子的一个词语，其实就是带有政治妥协性质的政策，也正是汉朝这个政策使南越获得了一个生存和发展的机遇。

但汉朝始终没有忘记有这么一块地方，到了汉武帝刘彻的时候，由于国内经济搞得好，西汉 GDP 猛增，而且当时还削弱了各个诸侯王的势力，加强了中央集权，更是摆平了不可一世的匈奴。彻底解除了匈奴对西汉八九十年的致命威胁，从此，汉朝可以调动全国的军事力量，倾国南下，再也没有什么后顾之忧，汉朝可以大胆地往前走了。

大汉国以前所未有的强势傲视着周围的小国。

屋漏偏逢连夜雨，倒霉就是这么来的，还没等刘彻亲自下手，南越的领导干部们就开始内讧了，上面打，下面乱，南越的政局越来越动荡不安。

自从南越国第一代王赵佗死后，接下来的继位者都是平庸无能之辈（巧的是这个赵佗和刘彻有一个相同的称谓，号称“南越武帝”），根本无力对抗强大的汉朝，南越对汉朝的依附越来越强。

元鼎四年（公元前 113 年），刘彻令南越王赵兴和太后入朝，这一次宣南越王入朝，刘彻显然是带着很强的政治目的的。这次大家要谈的买卖是收购。

来的太后是邯郸人，入越前就曾与汉朝的使臣有段风月故事。所以，年轻的太后和年幼的赵兴是非常愿意内属于汉朝的。但代表越人贵族势力的丞相吕嘉却极力反对“内属”。

刘彻当然想不费一兵一卒和平收购，于是他派了一个使臣和太后、南越王一起去说服吕嘉，吕嘉可不买汉朝的账，于是起兵叛汉，杀了南越王赵兴、太后和汉使，立赵建德为王。

公元前112年，南越国的内乱给了汉朝可乘之机，刘彻立刻发兵进攻南越。

这场战争并没有持续多久，第二年的时候，刘彻就破了番禺。收服南越国之后，刘邦把南越故地分为九个郡：南海、苍梧、郁林、合浦、交趾、九真、日南、珠崖和儋耳。前六郡在今广东、广西境内，后三个郡在今越南境内。

也就是从这个时候，南越各地又归入中国版图。广东、广西两地，自此一直没有脱离中国版图。

总之，南越的兴亡，是与西汉的强弱紧密相连的。成败兴衰和分离聚合都是有原因的。历史的奥秘也就在于此。

## 远方的小国

早就说过，刘彻的野心大得很。

早在建元六年(公元前135年)秋天，刘彻就已经和西南夷打起了交道。他派王恢出击东越取胜以后，又派番阳令唐蒙出使南越国。

在南越国的招待宴会上，唐蒙很奇怪地发现食物中有一种蜀郡出产的枸酱。于是就问当时南越的官员这怎么来的，对方回答说："是通过柯江用船运来的。"

对于这个答案，唐蒙并没有接受，他心想，柯江西达黔中，距南越不下千里，往来运输哪有那么容易？

对于这个疑问，唐蒙一直保持到完成使命回到长安。之后，他又向蜀中来的商人询问此事，蜀商回答说："枸酱出自蜀地，并非出自黔中，不过当地土人贪利，往往偷带此物，卖给夜郎国人。夜郎是黔中小国，地临柯江，和南越交往密切，由江上往来，所以枸酱才会在南越出现。现在南越屡出财物，要羁縻夜郎，让他们成为役属，不过要他甘心臣服，可不是什么容易的事情。"

唐蒙听了蜀商的话，茅塞顿开，原来是这么回事啊，同时，一个大胆的冒险计划在他脑中形成了。唐蒙把自己的主意立刻变成折子呈给刘彻。

这奏折千说万说其实也就一个意思，巴蜀是块肥肉，夜郎是个很好的吃肥肉的途径。

对于能美餐一顿的事情，刘彻是从来不会拒绝的，他马上批准了唐蒙的方案。汉武帝擢升唐蒙为中郎将，拨给他军队一千多人，令他带着足够一万人使用的补给，从汉朝西南边塞——巴郡的笮关（今四川省合江县南）出发，深入这片蛮荒的地方。

终于，唐蒙翻山越岭进入夜郎国境。

南夷部落约有十多个，其中夜郎最大。

夜郎这个国家的外交工作显然没有做好。多年与中原不通音讯，使得夜郎王坐井观天，还认为世界之上，他最大。这也就是"夜郎自大"

那个成语的出处。

汉军一来，夜郎和冉两国一看情况不妙，马上表示愿意臣服于汉朝。

真是不比不知道，一比吓一跳。

夜郎入朝之后，刘彻封他为夜郎王。冉也不甘落后，就请汉武帝在其地设置官吏。

这里，刘彻高高兴兴地封王，那里的小国战战兢兢地等待。

刘彻坐不住了，立刻让滇王入京朝见。滇王无奈准备入朝。

当时可没什么飞机，大家都是靠走路的，这个滇东北与汉境相接的地方有个劳深和靡莫互相依倚为援。要想过此路，留下买路财，他们阻拦滇王入朝，并多次侵犯汉朝的使者。

刘彻知道后勃然大怒，决定收拾这帮嚣张的家伙。元封二年(公元前109年)的秋天，刘彻命郭昌和卫广从巴蜀出兵击灭劳深和靡莫，滇王一看这下也没什么理由不进朝了，于是只好举国降服，请刘彻在其地设置官吏。

与此同时，刘彻对匈奴人也采取了急风暴雨式的军事行动，与匈奴人勾结的羌人也受到了冲击。

刘彻下令对河西用兵，匈奴人受到沉重打击，浑邪王和休屠王部众的投降使得羌人和汉朝发生了直接的接触。

刘彻派兵在河西驱逐匈奴的时候，也同时对诸羌施加了军事压力，逼迫他们向西迁移。由于匈奴浑邪王的内降和诸羌的西迁，使河西一带成为真空。

刘彻召乌孙回河西故地的计划落空之后，为了加强在河西地区的边防，就在河西先后设立了武威郡和酒泉郡，从此河西一带正式成为汉朝的领土。汉武帝还不断招募百姓和输送罪犯到河西地区开垦荒地，发展生产。这对于以后开通西域和继续打击匈奴创造了有利的条件。

刘彻在河西设置郡县以后，西羌和北匈奴被南北隔绝，不得交通，这样，两者勾结对付汉朝已经特别困难了。

元鼎五年(公元前112年)九月，分布在今甘肃临夏以西和青海东北一带的先零羌、封养羌和牢姐羌尽释前仇，结成同盟，再次与匈奴人相勾结，合兵十余万人，合攻汉朝的边郡令居县(今甘肃永登西北)和安故县，包围了枪罕(今甘肃临夏东北)，边关告急。

刘彻派将军李息、郎中令徐自为率兵十万人，在元鼎六年(公元前111年)十月，出兵讨伐。经过强硬的军事行动，解除枪罕之围。同年十月，汉军平定了诸羌的叛乱。

刘彻为了强化对羌人的管理与监视，开始在羌人居住的地区设置护羌校尉，持节统领内附汉朝的诸羌部落。从此，青海东部开始成为我国的行政管理区域。

经过汉武帝的打击，先零羌移居到西海、盐池地区。汉武帝逐渐迁徙汉人充实河西的空地。后来到汉昭帝始元六年(公元前80年)，又设置了金城郡，治所在允吾(今甘肃省永靖西北)，原护羌校尉所辖的领地全部归属金城郡。

之后，刘彻在西南夷地区相继做了大动作，建郡置吏，行使直接统治。又在且兰置柯郡，以邛都为越郡，筰都为沈黎郡，冉为文山郡，白马为武都郡；元封二年(公元前109年)秋，以滇、劳深和靡莫等小国的故地为益州郡，西南夷从此正式并入汉帝国的版图。

## 全方位的统治

刘彻的野心不止于此，除了在西、北、南三面大肆经略之外，向东又扩张到朝鲜半岛和乌桓故地。至此，今朝鲜中、北部地区也被并入了汉帝国的版图。

说起版图，我们第一个联想到的帝王就是秦始皇，但我要说，这个皇帝拿下的土地不过是刘彻时期的二分之一。

刘彻即位的时候，朝鲜王已经传到第三世卫右渠。卫右渠仗着自己势力的不断增强，就单方面撕毁了和汉朝的约定，不再按外臣应守的礼节来长安朝觐。不仅如此，他为了扩大自己的势力，还广泛地招徕汉朝的亡命之徒。

这时候朝鲜半岛上另一个小国辰国的国王上书汉武帝，要求朝见。这个小国在朝鲜的南面，去长安必须经朝鲜境内。卫右渠考虑到站在背后的辰国，可能借着汉朝的力量，变得强大，所以他拒绝辰国的使节经过他的土地。

刘彻感到了威胁，他担心汉朝的统治会因此而遭到削弱。

也正是由于上述种种原因，元封二年（公元前 109 年）的夏天，汉武帝派专使涉何前往王险城与卫右渠谈判。

这次谈判，涉何碰了一鼻子灰，只好回长安。

卫右渠派稗王前去送行，送行的人和被送的人各怀鬼胎，稗王实际是在监视涉何及汉使团的行动，而涉何也在考虑回去之后无法向汉武帝交待，干脆把护送他的朝鲜稗王杀掉。

最后稗王当真被涉何杀死了。卫右渠听说涉何杀了他的稗王，当然不会放过这个嚣张的凶手，他派人打听有关涉何的行踪之后，派一支骑兵奇袭辽东，把涉何干掉了。

事情发展到这，当真有点像黑老大的火拼了。

既然谈不拢，就只有打了。

俗话说，出兵无由，占下风。这涉何一死倒是给了刘彻一个出兵的借口。

但具体怎么打就不好说了，谁知道打朝鲜是不是一桩赔本的买卖。

刘彻想了个省钱的办法，他下令招募天下犯有死罪的囚徒组成东征军，由楼船将军杨仆和左将军荀彘分别率领，从海陆两路进攻朝鲜。光脚的不怕穿鞋的，对于这些本来都已经死过一回的人来说，打起仗来自然是特别不要命的。

两军打仗，武器最怕的是要命的武器，人最怕的是不要命的人。

汉军攻入朝鲜，卫右渠坚守要塞。楼船将军杨仆率舟师七千人，先行到达王险城下。卫右渠在情报中得知汉军人数不多，趁汉军立足不稳，地形不熟之机，即刻发动攻击，这不要命的部队结果大败溃散，逃窜到山区躲避。

杨仆费了十多天时间，才把剩余的部队集合。荀彘出辽东南下抵达坝水时，遭到朝鲜人的顽强抵抗，也是寸步难行。

刘彻坚信的本来就是那套不要命理论，现在没想到自己手下的两位将领如此狼狈，大为惊异，他见军事上不能取胜，就改用政治手段。

于是，刘彻派使者卫山凭借汉朝征讨四夷的军威晓谕卫右渠。

这个卫右渠虽然冥顽不化，但是事实让他清醒地认识到和汉朝作对终究没有好结果，卫山的到来，正好给他架了一个大大的云梯。卫右渠爬云梯的速度非常敏捷，他立即对卫山说："我愿归附汉朝。"

卫右渠为了试探汉武帝是否有诚意，就派出自己的太子带上五千匹马和一批军粮随使者入汉。正要渡过狈水时，卫山和荀彘见朝鲜太子随从有一万多人而且持刀带枪，这哪是收降的架势啊，分明是想火拼。

卫山怕其中有诈，坚决要求他们解除武装。朝鲜太子本就怀疑汉朝使者招降的诚意，疑心卫山与荀彘想遣散他的卫士，进而把他杀掉，于是拒绝北渡坝水，下令掉头回去。

这可真是煮熟的鸭子又飞了，你说你卫山摆那个谱干啥啊。

他垂头丧气地回报刘彻。刘彻心中大为恼火，他没想到这个卫山在这么关键的时候掉链子，坏了他的大事。

对于掉链子的人，刘彻从来都不会重新利用，他下令把卫山推出去斩首。

眼前的和平没了。战争又重新开始了。

在刘彻的连吓带逼之下，荀彘拼死进攻，大破朝鲜守军，强渡坝水，一直攻到王险城下，包围了西北两面。没想到卫右渠据城固守，汉军一连攻击了数月，也没拿下王险城。

汉朝此次出兵的两位将领带的兵是各有特点的。

荀彘所部都是燕代地区的士兵，善战而骄，态度激进，暴力是这个团队的信仰。

而杨仆的部下大多是齐地的囚犯，曾被朝鲜人击败过，至今心有余悸，士气畏缩。杨仆在围困卫右渠时，采取和而不战，战而有节制的态度。荀彘却发起猛烈攻击，一定要踏平王险城。

这两种不同风格的将领立刻让朝鲜大臣们逮住了空挡。

朝鲜的大臣们就利用他们之间的矛盾，派出密使觐见杨仆，谈判投降的条件，来往磋商。荀彘屡次派人要求杨仆约定日期发动总攻，杨仆每次都表示同意，但到时却坐山观虎斗。

仗还没打到什么程度，这两位将军倒开始窝里斗了。

刘彻对两位将领的行动十分恼怒，他派出济南郡太守公孙遂前去调查处理。刘彻授权公孙遂，在紧急情况下，可以独自裁决。

公孙遂匆匆赶到前线了解情况，先到荀彘军中。荀彘说："朝鲜早该打下啦，打不下来是有原因的。"接下来荀彘絮絮叨叨没少说，又将自己的怀疑全都讲给了公孙遂。

两人一合计，认为这种猜测很有可能，就用符节召杨仆到荀彘的营中商议军事，杨仆领命而来，当即被公孙遂抓了起来。公孙遂下令，两支军队合在一起交给荀彘统领。

公孙遂还以为自己事情办得很妙，刘彻派他去本来是想让他规整这摊浑水的，没想到他没有劝架反而参与了斗殴。一气之下把他给杀了。

荀彘并统两军后，立刻急攻。朝鲜相路人、韩阳和将军王峡等一起商量说："现在杨仆被抓起来，仗又越打越急，恐怕我们不能坚持到底，而卫右渠又不肯投降。"他们商议一番之后，一齐逃奔到汉营中投降。他们的降汉，大大削弱了朝鲜的力量。

元封三年(公元前108年)的夏天，尼谿相参指使人杀死了卫右渠，投降了汉军。但王险城却一直没有拿下，原来有个叫成已的朝鲜大臣仍然继续抵抗不降。

荀彘这次先是发动了宣传攻势，派卫右渠的儿子卫长和降相路人的儿子路最告诉当地百姓停止抵抗，这次口头宣传的作用是非常大的，荀彘杀死了成已，王险城终于被攻破，卫氏朝鲜灭亡。

先前，元朔六年(公元前128年)秋天的时候，东夷秽的君长南闾等二十八万人降附汉朝，汉武帝在其故地设置了苍海郡，后来专心对付匈奴，没有时间经营朔方，而且还放弃了苍海郡。

在灭掉卫氏朝鲜之后，刘彻又拾起当时的买卖，重新在旧地设置了四个郡进行管辖，这四郡就是真番、临屯、乐浪、玄菟。

至此，今朝鲜中、北部地区也被并入了汉帝国的疆域。

刘彻时期才是一次真正的崛起，汉朝的势力到达了今天的中亚，西南的云南、贵州、四川，东北的黑龙江、辽宁、吉林，南方的海南、福建，也就是在刘彻时期，我们才看到现在中国版图的基本框架。

刘彻要的是真正的天下。从此汉朝的国号成了一个伟大民族永远的名字。

# 第十二章 你的心到底被什么蛊惑

> 低调的退场
> 长生不老
> 刘彻的女人
> 重量级小人
> 刘彻的假想敌

## 低调的退场

刘彻在将要步入而立之年的二十九岁迎来了他的第一个儿子，正是这个儿子，让他母亲在民间的知名度得到大大提升。卫子夫成为民间灰姑娘的代名词。

期盼着传宗接代的男子在产房外面焦急地等着孩子的出生，期盼着生个男孩能得到婆婆好脸的女子在产房里面焦急地等待着孩子的出生。等到验明正身的时候，接生婆说，是个闺女。

古人云，啥也别说了。但是现在用不着这样了，“生子勿喜，生女勿忧”。

卫子夫的故事激励着千千万万的只生闺女的家庭，卫子夫从歌女到皇后，成就了卫氏门庭的显贵，不仅如此，她还以间接的力量改变了王朝历史的车辙。确实是这样,看看人家那两个争气的亲戚就知道了。

刘据出生的时候，刘彻基本上是属于狂喜的状态，因为皇后陈阿娇不生孩子，卫子夫之前又专生闺女，刘彻是盼星星盼月亮终于盼来了自己的儿子。也正是这种喜悦的惯性让刘彻对卫子夫特别的宠爱。

宠爱归宠爱，但让皇帝钟情于一个女人也是不可能的，也就是在这个时候，刘彻后宫中的李夫人也生了一个皇子，刘彻给他取名为刘甫。

刘彻的这一些女人的心机照前朝来说是差很多。但卫子夫不得不为她的皇长子刘据感到担心。

太子一天没有立，刘据这个皇长子就显不出什么优势。卫子夫虽然抢在所有女人之先，但是皇宫里什么事情都有可能发生。

卫子夫这种忧虑并没有持续多久。

在刘据刚刚七岁那年的一个清晨，刘彻早早地来到了卫子夫的宫中，他这次来是要告诉卫子夫一个天大的决定。

早立太子虽然是卫子夫心中热切期盼的一件事，但是温婉的性格和自己不能左右的境遇让她一直选择沉默。

当天下人都在传唱她的幸运的时候，她却时常质疑眼前的这一切。如若没有那天的邂逅，日子究竟会怎么样?

好事从来不是热菜而是冷盘。一个普通的清晨，卫子夫的丈夫刘彻来告诉自己妻子和儿子一件事。

立皇长子刘据为太子。这个时候的刘据仅仅七岁。

在这段时间里，刘彻对刘据极尽一个父亲的宠爱，他不仅为刘据找了最好的老师辅导他研习《公羊春秋》和《谷梁春秋》，在刘据二十岁生日那年，刘彻更是为他建立了博望苑，这个地方是专门供太子接待宾客所用的。可见，刘彻希望刘据从小就能广结人缘，好为将来接班做准备。

刘彻对刘据的宠爱是显而易见的。做父亲的，当然希望儿子脾性像自己，但刘彻渐渐地发现这儿子越来越不像自己。

刘据生性温和，谦虚谨慎，看起来倒像个学者，根本没有一点帝王的霸气和血性，最重要的是刘据看不懂他老子为什么这么爱打仗。

其实这父子俩的差别是很容易解释的。

刘彻平生做的最多的事就是打仗了，从十岁那年起，刘彻就在心中埋下了对匈奴仇恨的种子，同时也立下了一个小小的誓言。刘彻亲眼看见大汉最好的女人被送往匈奴，刘彻亲眼看见大汉最好的锦缎要送给匈奴。可以说，当时的刘彻是满肚子的窝囊。

而到了刘据这个时代，他天天听到的就是汉军又杀了多少敌人，汉军又死了多少人，花了多少钱。

刘彻对战争的疯狂是刘据对战争仅有的概念。那种深入骨髓的仇恨对于刘据来讲只是听说。不管之前汉朝多么窝囊，但在今天看来，汉朝没吃多少亏。这个时候，刘据满肚子的疑惑。

刘彻曾经试图改变刘据，但几次尝试之后，刘彻明白，性格这玩意儿是血里带的，没办法。

俗话说，物以类聚，人以群分。刘彻突然发现他和儿子的玩法不一样，也就不想带他玩了。一句话，没意思。

这样的情景完全可以想到。所以当今广大的儿子们，你们真应该庆幸一夫一妻制给你们带来的专属宠爱(特殊类型不带入探讨范围)。

卫子夫很快也感觉到了阵阵寒意，这种寒意不仅来自心理上，还来自脑袋上，卫子夫开始脱发了，曾经以为不会老的卫子夫，突然在一个对镜理云髻的清晨看到了一地的碎发。

当年，刘彻看上卫子夫的一个重要原因就是“美云髻”。如云如丝的美发让刘彻喜欢得不得了。而如今，卫子夫也只能被冷落了。

也是刘彻这种冷淡，让卫子夫和儿子感受到了前所未有的威胁，他们知道，皇宫不仅仅是上演神话的地方，同时也是上演悲剧的地方，这样的故事他们没少听。

童话的悲伤也许就在这里，它容不得一点痛苦，只能用无休无止的快乐来填充，当快乐没有了的时候，没有人能猜到这又是一则什么样的故事。

岁数大了，刘彻变得也越发敏感，娘儿俩的不安心绪很快就被刘彻察觉了，他觉得该做点什么了。

刘彻是个什么样的人，是个什么样的丈夫，我们从他的前妻陈阿娇的身上或许已经知道一二。但刘彻这次出人意料地安慰了母子俩。

刘彻找到了大将军卫青，托卫青当个中间人转达了自己对母子二人的情意，这一次，刘彻说了这辈子都很少说的一套温情的话。

汉王朝建立时间不长，一切都是从头开始，加上我国现在四面受敌，我现在身上的责任重大啊，我必须得变更现有不好的体制，这样才能让后世有章可循，并不是我喜欢打仗，要是不征讨四夷，我大汉江山将永远得不到安宁，这样一来的话，百姓也会跟着受苦。我内心非常的困惑，我希望我的后世继承人不要像我这样连年征战，所幸，太子为人沉稳好静，将来一定能安定天下。我听说皇后和太子以为我不再宠爱他们，没有的事。

卫青听完后，立即叩首谢恩，他着实替姐姐、外甥捏了一把汗，然后诚惶诚恐地把这番话告诉了卫子夫和太子。这是天大的一件好事啊。

但这似乎又成为一件让人疑惑的事情，因为这不符合刘彻的性格啊。这完全可以解释。

第一，当时的太子刘据虽然心性温和沉稳，可是他对父亲不断向四邻用兵是非常反对的。但是作为一个皇帝父亲，没有那么多义务去解释你的疑惑和不满，刘彻决定集中解决。

所以这一次刘彻慷慨激昂地解释了自己为什么这么喜欢打仗，这些话不仅仅是说给他儿子听的，还说给天下人听。也正是因为这样，刘彻找了个大喇叭卫青。

第二，卫子夫这个皇后既不是媒婆介绍，也不是指腹为婚，而是刘彻自己从宫外带回来的。而且刘彻对卫子夫恩宠的成本是非常高的，金屋藏娇和长门宫怨已经让刘彻的感情形象有损失了，所以，刘彻想挽回一点。但此时，刘彻心中确实也不想亲近卫子夫了，否则的话，刘彻为什么不亲自和卫子夫说，恐怕是怕卫子夫听完以后小嘴一撅要和他撒娇吧。

如果对一个女人一旦没了兴趣，她的撒娇等于撒野了。

第三，刘彻这种意义上的坚定正是说明了他另外一种意义上的动摇，说明刘彻在这个时候对这个太子也是非常有疑惑的。刘彻也是七岁被立为太子，他明白这个位置是最能给人无限遐想，这番话既是说给别人听，也是说给自己听。他想坚定，他想相信太子就是江山的继承人，但心中总有那么一点不对劲。

我们的挣扎和疑惑，或许就是刘彻的挣扎和疑惑。

卫青的一番传达让卫子夫和太子刘据心中的一块大石头终于落地了。

哎，这一家老实人啊。

卫青不是田蚡，卫子夫不是王娡，他们的想法也只是老实人的想法。

卫青的确是老实人，随着卫氏家族的没落，卫青也渐渐地退出了历史的舞台，在少年英雄霍去病死后，刘彻再也没有发动过对匈奴的战争，在这段时间，卫青的三个儿子都相继失去侯位。

元狩四年的时候，卫青任大司马。从此以后的十四年间，卫青的刀剑上就从没再沾一滴敌人的血。

至此，卫子夫和卫青双双失宠。

这到底是为什么？

因为刘彻感到了威胁，前所未有的威胁。

卫青不是卫青，卫青是汉朝大将军，刘彻的姐夫，皇帝的小舅子，太子的舅舅，霍去病的舅舅。

卫子夫也不是卫子夫，卫子夫是汉朝大将军的姐姐，刘彻的妻子，太子的母亲。

刘彻最惧怕的就是约束感和威胁感，不论是在感情上还是军事上。

而恰恰是这两个人纵横交织的权力脉络，让刘彻感到了前所未有的拘束和威胁。

一代将宿，就这样落寞地退了场，从历史的背面来看，这未尝不是一件好事。

## 长生不老

人间这么好，我没有理由死。

这一句感叹化成了刘彻晚年的一项重要嗜好。但凡是人，几乎都有自己的爱好，皇帝当然也不例外。爱好能显示这个人的思想意识、道德修养、文化素质等等。皇帝的爱好，有些与他治理国家有关。比如秦始皇到处巡游虽有游山玩水的因素，但主要以视察国土、布置防务、保持国家的安宁为目的。刘彻爱好方术追求的也是一种理想。

《孝武本纪》第十二，方士李少君对汉武帝说："祀灶、则可致物，致物而丹砂可化为黄金。黄金成，以为饮食器则益寿。益寿而海中蓬莱仙者乃可见之。"汉武帝听了李少君的话，亲自祀灶，信以为用丹砂炼成黄金所制的器皿，可以益寿求仙。结果，这位号称自己是神仙的大骗子李少君"出师未捷身先死"，仙丹没炼成，自己先一命呜呼了。但即使是如此也没能让汉武帝彻底醒悟，居然还捶胸顿足道："恨求少君不勤也。"

另一证据是《史记·封禅书》中记载汉武帝时，方士少翁因献仙方被封为文成将军，后其方无效，而且又弄巧欺骗武帝，于是杀之。汉武帝杀死文成之后，事后又怕因此断绝了方士的来路，为了掩饰文成的死，他向另一位宠幸的方士栾大说："文成食马肝死尔；子诚能修其方，吾何爱乎。"故事的背景就是秦汉以来相传修道之人忌食马肝，汉武帝推说文成是因吃马肝而死，一方面是为自己洗刷罪名，另一方面也是想继续拉拢其他方士。后人有诗云："死为文成食马肝"，可以印证这件事。

刘彻是非常不喜欢在同一个地方摔倒的，这样既浪费时间又浪费体力，但是之于长生不老的事情，刘彻少了这样的骨气。尽管一而再、再而三上当受骗，他仍然痴心不改，不觉得是自己追求的荒谬性，而是觉得没有找到真正的高人。

现代社会的一个经典问题：我和你妈掉进河里你先救谁?

关于这个问题，嘴上一个答案，心中一个答案。

汉朝时期也不乏这样的无聊之人。

有一次在一个祭天的仪式上，一个大臣问刘彻，黄帝当年升天的时候，他的妻子和家人都希望和他一起，但是这样却是不能的，最后黄帝只能是抛妻弃子。如果让陛下在妻子和升天之间选择，您会选择什么?

刘彻毫不犹豫回答："将弃妻子如敝屣（破鞋子的意思）！"这就是真相，之于一个汉朝最强男人的真相，在刘彻的心中，没有小细腻，没有小感情，在他前进的道路上任何牵绊他脚步的事情都是假象。

汉武帝刘彻于太初元年（公元前 104 年）建造了著名的建章宫。建章宫北为太液池。《史记·孝武本纪》载："其北治大池，渐台高二十余丈，名曰太液池，中有蓬莱、方丈、瀛洲、壶梁，像海中神山，龟鱼之属。"太液池在当时是一个相当宽广的人工湖，因池中筑有三神山而著称。

为什么要在建章宫后面挖一个太液池呢？这里有一个奇妙的传说，相传在中国东边的大海里，有三座仙山，名叫蓬莱、方丈、瀛洲。仙山上有神仙居住。这个神话迷住了秦始皇。他想长生不老，多次派人去找仙山，寻求长生不老之药。他还亲自到浙江，山东的海边去求蓬莱仙人，但没找到。后来，刘彻就叫人在建章宫北边挖一个大池子，名叫“太液池”，象征那无底大海，中间堆土为山，象征蓬莱三仙山。

2007 年，中国社科院考古所汉长安城工作队对汉长安城建章宫遗址进行了首次大规模的考古发掘。在一号建筑遗址内，考古人员发现了 5 座房址和大量的建筑遗物，显露出的建章宫规模非常宏伟，目前已开发出建章宫前殿、太液池、神明台、凤阙等遗址。这个证据也客观地证明了《史记》中记载的汉武帝确实有造太液池求仙一事。

刘彻为了长生不老的确下了不少血本。

历史是最好的见证人，汉武帝刘彻 7 岁立为太子，16 岁登基，70 岁驾崩。在他长达 54 年的统治中，一上台就开始大肆搞起了求仙活动。在他晚年时，终于引发了一场大祸，这就是汉代历史上著名的巫蛊之祸。

什么是帝王心态，我们分析一下，如果是普通人的话，往往对自己操纵不了的事情敬而远之，而帝王就不是这样了，为所欲为已经成为他们的思想惯性，尤其是刘彻，大臣不满意了，该杀杀，该换换；老婆不满意了，该换换，该杀杀；甚至是他的孩子。

人间可操纵的事情对于刘彻已经不是什么问题了。“万寿无疆”才是他的一块心病。于是求不死之药，求长生之术，求异人仙境，便成了他最热衷的事。

而刘彻的热衷无异于给大汉国百姓做了最好的一则广告，效果和现在的天皇巨星代言差不多，你想想啊，连皇帝都信这个，都说这个好，咱们平头老百姓能不拥护吗？

于是，装神弄鬼很快在民间传开，所有小老百姓都在孜孜不倦地做着神神叨叨的事情，真可谓“齐桓公好服紫，而一国尽服紫”。

面对这么大的市场需要，方士成为当时最流行的职业，方士之术在当时非常盛行，刘彻在其中负有绝对的责任，而且直接起到了推波助澜的作用。

但就是刘彻这么个精明人一辈子在求仙，却也一辈子在受骗。

有一个方士，名叫少翁，其实也不是什么名字啦，就是因为他长了一张年轻的脸，头发却雪白，自称好几百岁了。

他知道刘彻最宠爱的美人李夫人死了，老是闷闷不乐地想念着她，就说自己有仙术，能叫死去的人显灵。这正和了刘彻的心意，于是，赶紧派人把他请来。

少翁要了李夫人生前的衣服，准备了一间很清静的屋子，中间挂上薄纱似的帷幕，幕里面点着蜡烛（典型的骗人开场白）。

刘彻一个人坐在帷幕外面等着，少翁则自己进了帷幕作起法来。刘彻静静地等着，两只眼睛盯着帷幕，不敢眨巴一下，生怕这一眨巴就把李夫人给眨巴过去了。

过了一会儿，幕里竟然出现了影子，少翁领着一个美人，她慢慢地走着，刘彻使劲地瞧着，那美人侧着半边脸越瞧越像是李夫人。

刘彻这个激动啊，想跟她说句话，但是猛一下子李夫人不见了。少翁对汉武帝说：“皇上也太心急了，阴阳毕竟是两条路，皇上的阳气太旺盛了，你一上来，就把李夫人冲走了。”

刘彻连连自责。接下来，他为了能和仙界、灵界说句话，尽管少翁不会打仗，刘彻却封他为文成将军，这是哪门子的将军啊，莫非要杀的是阴间的小鬼？

见完了李夫人，刘彻又想见见神仙了，他按少翁的意见，盖了一座甘泉宫，里面画着各式各样的神像，摆着祭祀的东西，为的是请神仙下来。这么搞了一年多，花了不少钱，可是神仙还是没来，这个时候，刘彻开始怀疑了。

一看皇帝起了疑心，少翁也紧张了，为了挽回皇上对他的信任，他不得不另想法子。有一天，他跟汉武帝到甘泉宫去，瞧见有人牵着牛，他指牛对汉武帝说：“这头牛的肚子里准有天书。”当场把那头牛宰了，从牛肚子里拿出一条布帛来，上面写着字。

这一出让大伙儿全认为少翁是个“仙人”。可是尽管字写得古怪，字句也不大好懂，刘彻还是认出了是少翁的笔迹。审查下来，果然是少翁耍的花样，汉武帝就又把这位“仙人”斩了。

少翁被斩后没多久，黄河决了口，水灾非常严重，附近的百姓都生活不下去了。

乱世不仅出英雄，各路神仙，各方鬼怪也都出。

这时候，又有个自称栾大的“仙人”，说他能够使法术请神仙来把口子堵住。刘彻还是老套路，又给栾大封了四将军的头衔，给他四颗大印，加封其为乐通侯，还把一个公主嫁给他，光陪嫁的黄金就有十多万斤。

少翁毕竟吹的是牛，只要牛皮吹不破，还是可以骗骗人的，可栾大这次吹的可是黄河，这可不是闹着玩的，栾大使尽了花招，也没请来堵黄河口的神仙，他的骗人勾当被人揭穿后，刘彻倒也没心痛闺女守寡，这位红得发紫的方士栾大，也被刘彻给拉到大街上斩了。

我们常说，透过现象看本质，这两位使刘彻受骗上当的方士尔后都被刘彻识破机关并掉了脑袋。然而，刘彻却只是看出他们是假方士，却没有看出方士之假；只是看出他们的伪方术，却没有看出方术之伪。

直到公元前 89 年（即汉武帝即位第 52 年，他 69 岁那一年）刘彻依然继续求神仙。这一次出门巡游，费了五个月工夫，花了无数金银，往返一万八千里地，还是没看见神仙。这才回过头来脚踏实地整顿朝政。

终于，在看出方士之虚、方术之伪的暮年，刘彻说了一段百感交集的话："昔时愚惑，为方士所欺，天下哪有仙人？尽妖妄耳！节食服药，差可少病而已。"

这无疑和现在天皇巨星代言之后，说，那产品我压根没有用过是一个道理。不知道因为汉武帝而一辈子跟着疯疯癫癫信方士信方术的人们听了这话后有何感触，只是希望如今某些新方士、新方术的善男信女们读了这段话后能有所悟也有所得。

## 刘彻的女人

大将接二连三地死去，刘彻却在隔三差五地换着姑娘。

讲这些女人们，估计有些人不会愿意看，因为类比刘彻前期的女人们，这些女人比较老实，她们的起落远近完全掌控在刘彻并不坚定的情感之中。

在卫子夫色衰失宠之后，更多的美女充实了刘彻的后宫。喜新厌旧是真理啊。

在这些女子当中，赵国王夫人为武帝生下了儿子齐王刘闳，尤其得宠。但这个美人有命享，没命活，她在最为得宠的时候早早谢世。不久之后尚未成年的齐王也死去了。

在王夫人去世之后，又一位美女进入了刘彻的视线。她就是中山国的李夫人。而正是这个人的出现，让刘彻最爱的人选又多了一个。

这个李夫人出身也是歌舞姬。和卫子夫是一个道上的。

北方有佳人，绝世而独立，一顾倾人城，再顾倾人国。宁不知倾城与倾国，佳人难再得！这一曲既是到了今天还是非常流行的，纵观娱乐圈，还没有哪个女星敢说自己倾国倾城。这句极致的赞美词也只是作家、编辑口中的常用语，我记得电影《十面埋伏》中，章子怡哼唱的便是这曲子。

但刘彻爱的美女似乎命都不太长，有的是生病了不小心死的，有的是犯错了专门死的。

刘彻这个时候还真是有点克女人，李夫人给刘彻生了一个老五刘髆之后，不久也就死了。她死之前死活不让武帝看她生病的模样，每次刘彻去看望她，她总是蒙个大被子不见刘彻。

这个李夫人可谓是最有自知之明的女人，世界上没有无缘无故的爱。她知道刘彻爱她是因为什么，所以她宁愿让刘彻永远记住她美丽的一面，也不要在死之前以憔悴的面孔吓刘彻一跳。

李夫人揣摩男人的心理是很有一套的。

男人折服和惦记的往往不是最好的，而是最遗憾的。

李夫人的冰雪聪明和清醒理智，终于在她去世后得到了事实的验证。

刘彻因为格外宠爱李夫人，她的两个兄弟也全部都沾了光。她的兄长李延年被刘彻封为协律都尉。这倒也是尽其才能，毕竟人家能弹会唱。

可是李夫人另一个兄弟却没有多少能耐。

元封五年（公元前 106 年）对匈奴作战中，刘彻因为宠爱李夫人而重用了她的哥哥李广利。同样因为是外戚才得到重用的李广利，显然没有卫青的军事才能。

刘彻给李广利的第一份差事，让他去给自己抢马。

刘彻的确爱马。“或一马之饰直百金，皆以南海白蜃为珂，紫金为华，以饰其上。”“鞍在暗室中，常照十余丈，如白昼。”这几句难懂的话就是夸刘彻马饰、马鞍的漂亮和名贵，想必刘彻不会干这种买椟还珠的事情，所以刘彻的马的确非同一般。

在张骞从西域回来之后给刘彻讲了很多的事情，刘彻对其中的一件事情非常感兴趣—— 西域多善马，马汗血。

之前，早在元景四年（公元前 113 年）秋天的时候，有个名叫“暴利长”的敦煌囚徒，在当地捕得一匹汗血宝马献给刘彻。汉武帝得到此马后，心喜若狂，这匹马也被他称为“天马”。

说有多喜欢你也许不相信，有歌为证，“太一贡兮天马下，沾赤汗兮沫流赭。骋容与兮万里，今安匹兮龙为友。”

现如今，逼得人写诗写歌的最多的就是爱情，没想到刘彻对马也有这个兴趣，然而这并不是最疯狂的事情，更加疯狂的还在后面呢。

刘彻一听大宛的贰师城有汗血宝马，立刻来了精神。便派壮士车令为特使，带着用黄金铸成的金马和黄金千斤，到大宛国。愿以这些礼物交换汗血马。

汉朝使者好说歹说，可是宛王就是不答应。两方拍桌子瞪眼就是达不成一致，人家大宛不和你做生意，你能怎么着吧。最后惹得车令竟然骂起了大宛国王。

汉使最终打道回府，谁知路过郁城，竟然遇到番奴千人不让他们回去。车令等与他斗死，所携金币，眼见被他夺了去。

买卖没做成，到头来马财两空，刘彻怒了。

刘彻命李广利率领骑兵数万人去给他抢马，为了表示必胜的决心，李广利也被封为贰将军。到达大宛边境城市郁城，初战不利，未能攻下大宛国，只好退回敦煌，回来时人马只剩下十分之一二。

三年后（公元前 104 年），汉武帝再次命李广利率军远征，带兵六万人，马三万匹，牛十万头。当然了，刘彻没忘给李广利配上两名相马师。

李广利一直打到大宛国的首都贵山城。宛王母寡坚决守城。

但这贵山城有一个致命的缺点就是城内无井，不管是军队用水还是百姓用水，全靠城外的河流。于是李广利命令断绝贵山的水道。

人不吃饭还能挨几天，可这要不喝水可是真的受不了。于是城内大乱。

这城中一乱，人们就各怀心事，都想保命，于是大宛国的高官们开始私下商议了："国王藏着好马不卖，还杀了汉朝的使节，因为这样李广利大举来攻打我们。眼下外援一时半会儿也来不了，这还没有水喝，这贵山城危在旦夕啊。我们不如杀死宛王，献出良马，与汉军讲和。万一汉军不答应，那我们只有同心协力，背城一战。到那时，再死也不迟。"

这个能把损失降到最低的办法立刻得到了大家的拥护，于是，这宛王没被汉军所杀倒让自己人给削了首级。

宛国人拿着宛王的头派人到汉营求和。李广利答应了求和，条件当然是马。

随行的相马师迫不及待地去挑马，好马仅仅有几十匹，中等以下的有三千多匹。

李广利这次出兵，先后劳兵十余万，整整用时四年，回来时，只剩下两万余人。

所以有人说，刘彻爱马，不惜兴师动众、发动战争，简直就是草菅人命。

但是如果把刘彻对马的这种爱放到历史的大背景中，或许我们能深刻地了解一下这个专横的帝王。

爱有私爱与公爱之分；有小爱与大爱之分。我们先来翻一段对于刘彻也是历史的历史，晁错当年向汉文帝的上书："今匈奴地形，与中国异：上下山坡，出入溪涧，中国之马弗与也；险道倾仄，且弛且射，中国之骑弗与也；风雨罢劳，饥渴不困，中国之人弗与也。"

从这里不难看出，在遥远的冷兵器时代，军事实力就是兵强马壮。刘彻踌躇满志地一心想要开创汉朝的大时代，而当时最大的阻力就是匈奴的侵扰。匈奴是马背上的游牧民族。提到匈奴民族，我想谁也不会忘记，一代天骄成吉思汗，就是凭借汗血马大军的"闪电战"，横扫欧亚大陆的。

不难看出，刘彻想要天下，不除匈奴不行；要除匈奴，没有好马不行。

刘彻清楚地知道，要真正征服匈奴，就必须以骑兵来改变传统的以静态防御战为主的作战方式。只要纵观一下汉代历史，就不会不知道，为强国扩疆，成就一代霸业，从公元前 133 年到公元前 119 年，汉武帝曾经先后八次攻打匈奴。每次都以数以万计的军马出征。当时战场的力量对比，马匹的优劣，相当于现代军事中坦克大炮的差异。

刘彻不仅不惜战争到大宛夺马，而且在国内采取免税的办法，鼓励民间养马。他还在河西走廊建了 36 个牧场，专事训养军马。因此就有了"凉州畜牧甲天下"，凉州成为大汉王朝良马繁殖、交易基地。因此就有了"凉州大马，横行天下"的说法。

这就是刘彻和马的故事。

天汉二年（前 99 年）秋，刘彻遣贰师将军李广利带骑兵三万攻打匈奴浚稽山之战，派李陵为李广利的后勤部队。

李陵是著名牛人李广的孙子，跟他爷爷一样是一位军事天才。刘彻派自己的小舅子李广利进攻匈奴，想叫李陵负责后勤工作。李陵能耐大心气也高，主动提议说："咱手下都是强人，别浪费了。咱想自己领着他们单独跟匈奴开练，这样也能分担李广利的压力。"

那个不会打仗的贰师将军确实有点"二"。

他只给李陵五千人。李陵带五千人出居延北千余里，而他的三万余人在千里之外察看敌情。

不成想李广利的主力部队没打什么仗，李陵带着五千步兵倒碰到了匈奴三万人的骑兵部队。李陵这帮人还真够凶悍，把三万匈奴兵打得落花流水。

关键时刻，汉军出了一个叛徒。李陵的手下有一名士兵因为受到上司的羞辱而投降匈奴，匈奴人知道了李陵只有五千人，匈奴怎么也咽不下这口气，出动了八万人跟李陵玩命，以举国的兵力要把李陵放倒。

李陵一点不含糊，边跑边打，又杀了上万匈奴士兵，李陵的军队此时并没有后援，而且步兵的箭也快用完了，匈奴单于一看机会来了，立刻组织进攻，李陵仅剩的三千士兵死伤严重，加上没有后援部队，最后只得投降。

朝廷百官一听说李陵投降了，个个都震惊无比，你李陵可是李广的孙子啊，就凭这点你怎么可以投降。

刘彻此时已经非常生气了，但他还是压住自己心中的怒火，问身边的史官司马迁该怎么看待这件事。

其实司马迁跟李陵真没啥交情，连酒都没一起喝过一顿，只是觉得该说几句公道话。

投降是不得已的，李将军迟早会重新投入到祖国的怀抱。他是一个国士。

这个说法把文武百官都吓了一跳，称一个叛徒为国士？这国士在汉朝时期可是非常高的荣誉，也就是说只有汉朝之中最优秀的人才能成为国士。

李陵一心想着报效国家，他率领五千军队深入匈奴内部，和匈奴数万人的大兵血战数日。虽然失败了，但虽败犹荣。

李陵这次的投降是想保住后路，留得青山在，不怕没柴烧。

刘彻一听，火气蹭蹭往上窜，连司马迁一起给下了大牢，就为了这么几句话，司马迁被判了个死刑。

也正是这次死刑，改变了司马迁的一生，成就了一部旷古巨作。

如果把别的史官比作是帝王的化妆师的话，那么司马迁就是一个早期的照相师，他还不是摄影师，现在的摄影师都习惯用个 PS（photo shop 软件，此指对照片修饰、拼结、合成等）什么的，但司马迁不是，他的耿直让他成为了一个立志于把历史的本真呈现给世人的伟大史官。他照的像你是什么样就是什么样。

刘彻听完这一番话早就怒不可遏了。

刘彻为什么这么生气，原来这场战争刘彻本来就怀有很大的私心，任用李广利出征就是想让李广利立功封侯，好讨好李夫人的欢心。

可这个李广利偏偏不争气，带三万人出兵，杀敌一万人，自己损失了两万人，一赔二的赔本买卖。这让刘彻颜面扫地，而此时司马迁赞扬李陵，无疑是讽刺刘彻的用兵失误。

司马迁被刘彻关入大牢，罪名是“诬上”。诬陷皇帝，这可是天大的罪名，要被判死刑。

刘彻时期有一个特别的规定，就是判了死刑的人可以有三种选择：①乖乖受死。②花钱免死。③自宫。

想要活下去，只剩下两个选项，但是花钱免死可是需要五十万啊，这五十万对于司马迁来说无疑是一个天文数字。

司马迁拿不出那么多钱，想不死就得挨这一刀。那时的风气一点不像现在古装电视剧里那样，当公公的似乎拉风得不得了，实情是被阉割的人基本不被当人看待。

在这个决定何去何从的关键时刻，司马迁脑袋里噌噌地冒出了周文王、孙膑、吕不韦等一系列英雄形象，这些人都是走麦城后写出了名著。司马迁一想，著作流芳百世的前辈们多半都遭过点罪，为这只能忍忍了。

司马迁的选项只剩下一项了——宫刑。

作为一个男人的司马迁死了，但是作为一个千古史官的司马迁却活了。

能让历史存档的往往有两种人，一种在烟花尘世的繁华中张扬而去，一种在艰难残酷的现实中塑为永恒；一种是肉身，一种是灵魂。司马迁用自己残缺的肉身呈现给我们一个绝美的灵魂。

## 重量级小人

旧人虽然去得不少，但刘彻搭的舞台上从来不缺乏故事，从来不缺乏演员。

汉朝虽然酷吏成名者多，但众酷吏的水平与道德不是一成不变的。

凭着搬弄是非能红的人在现今不在少数，刘彻时期也不缺乏这样的人才。

光脚的不怕穿鞋的，这也就是说人拥有太多就怕失去太多。到了刘彻晚年的时候，这种心境越发凸显，刘彻也忽然变得心思细腻，疑神疑鬼。他总觉得大汉江山的砖砖缝缝中间藏着一些东西。

一天，刘彻的贴身太监刚刚上班，便收到一封呈交皇帝的奏状，刘彻立刻打开阅览，看完之后非常愤怒。

也正是这封看似平常的奏状，引起了深宫之中翻天覆地的变化。

这封信的执笔者就是江充。

这江充是什么人？刘彻执政期间名声最大的恶人，一个人做一件坏事不难，难的是一辈子只做坏事，不做好事。江充的境界直逼此境。

看看他的发家史。这个江充本是赵国邯郸人，一开始也只是一个市井无赖，能祸害的也就那么一条街。

但这个人有一个年轻貌美的妹妹，为了改变自己的命运，江充把自己的妹妹嫁给了当时的赵国太子刘丹，这个江充也从市井无赖一下升级到赵王的坐上宾客。

这封奏状中到底写了什么？

信中说赵王刘彭祖的太子刘丹和其姐妹私通淫乱，并且还结交地方豪强，为非作歹，已经到了地方政府没法管的地步了（太子丹与同产姊及至后宫奸乱，交通郡国豪猾，攻剽为奸，吏不能禁——《汉书·江充传》）。

奏状中说的是诸侯国的事，这又犯了刘彻的大忌，刘彻开国以来就用尽浑身解数来遏制诸侯国的嚣张气焰。一见哪个诸侯有什么风吹草动就恨得牙痒痒。

汉朝那个时候对乱伦罪的处罚是非常严重的，但这些都不是主要的。最重要的是信中提到了赵太子结交各路豪强，肯定是想图谋不轨。打压诸侯，这可是刘彻最大爱好之一。江充这一状，告到了刘彻的心坎上。

这又是哪一出？江充怎么会状告自己的妹夫刘丹。原来，这赵国太子刘丹确实不是什么好东西，骄奢淫逸、无恶不作，甚至还和自己的亲妹妹、亲生女儿私通，简直是禽兽不如。因为做了这么多见不得人的事，所以刘丹也是天天提心吊胆怕事情败露。

这个时候，江齐（江充的名字原来叫江齐，名字是后来改的）和刘丹可是形影不离，好得几乎要穿一条裤子，刘丹做的那些苟且之事，江齐知道得清清楚楚，再加上当时，江齐和刘丹之间因为利益发生了一些矛盾，刘丹就想趁这个机会以灭后患。

在刘丹抓捕江齐之前，江齐得到了消息，赶紧脚底抹油，跑了。

江齐不傻。

跑哪里了？跑刘彻那儿去了。

干什么去了？告状去了。

跑到刘彻这里之后，江齐改名叫江充。

就是这样，他与赵国结下了深仇大恨，江充刚跑到京城，就迫不及待地告状揭发赵太子刘丹的丑行。

刘彻立即派兵包围赵王的王宫，拘捕太子刘丹，经过审理，情况属实，太子刘丹被判了死刑。这一下可急坏了刘丹的老子赵王，他连忙向刘彻上书，说这江充不过是一名赵国的通缉犯，因为和太子刘丹发生矛盾，故意挑拨离间的。并且表态，我愿意带领赵国的武士攻打匈奴，以此来赎太子的死罪。（臣愿挑选赵国勇士，从军征伐匈奴，极尽死力，以赎太子丹罪。）

这个赵王刘彭祖是刘彻同父异母的哥哥，刘彻也着实不好下重手，于是最终免除了刘丹的死刑，但还是废掉了其太子的资格。

事情远没有结束。

案子是处理完了，刘彻突然对这个告状的江充来了兴趣，下令接见江充于犬台宫。

这个犬台宫就是皇帝玩狗的地方，刘彻这个级别的接见待遇倒也符合江充的秉性。可惜，江充远不如狗忠诚。

来见刘彻之前，江充精心打扮了一番。

江充为这次犬台之行准备了一款奇装异服，（充衣纱縠禅衣，曲裾后垂交输，冠禅纚步摇冠……）江充明白：要想走在时代的最前列，就要玩颠覆命运的游戏，不能不痛不痒。大汉的服饰看起来都是厚重沉稳的。我江充就反其道而为，发明了一套繁杂拖延的服装，行走的时候上下摇晃，行动处波纹不兴。配合这次时装发布会，江充头上还插了一根彩色的鸟羽，与服装捆绑展示。

不仅如此，江充还挑灯夜战，临抱佛脚，做了一大番文化功课的恶补。

江充这一身奇装异服令刘彻长期审美疲劳的眼睛大放光彩。江充这个人本来就生就一副好皮囊，穿着又如此另类，刘彻对此大加赞赏。

提前做足功课的江充面对刘彻的提问对答如流，刘彻就更认定这是个人才。

江充也因此敲开了他前进的第一块砖。

在之后的日子里，江充仔细研究了刘彻的性格和做派，终于总结出了自己的一套为官方法。

江充清楚地知道，刘彻平生最重视的就是对匈奴的战事。因此，在第一次被刘彻召见的时候，他就自荐出使匈奴。刘彻问他出使匈奴有什么打算，江充回道，随机应变，这一点可以向我们的敌人匈奴学习。无须事先做什么准备（因变制宜，以敌为师。事不可预图）。这一套辩证思维法立刻说服了刘彻。

江充从匈奴回来之后，也算是个汉朝的“海归派”。待遇一天比一天好，官职一天比一天高。

回到朝里，江充从此飞黄腾达，不在话下。这只是江充的前半生。

从此，江充就成为刘彻的御用黑脸，刘彻的逻辑，狗咬狗用起来格外方便。

江充虽不学但有术，一上台就为刘彻大捞了一把，江充知道刘彻爱打仗，但打着打着有时候就兜里没钱了。

比如，在老皇城根儿下有支北军，这支北军的职责就是平时维护一下京城治安。不过做贼也是有专业素质的，踩点一般也不会选择京城，所以，北军看着威严，但其实职责和街道大妈没什么两样。

但是如果遇到战事紧急，这个北军还得抡家伙上。

可这支军队怎么说也不是正式编制，所以军饷就成了一大难题。

这军队多少汉子吃多少粮食，军饷都是有数的，况且从士兵嘴里扣钱，刘彻也是舍不得的。所以，这支军队的军饷问题就成为刘彻的一大心病。

没想到，这个难题竟然被江充攻克了。

这京城上下谁有钱啊，当然是那些达官显贵，只要把柄找得得当，从他们手里抠银子容易得很。江充立刻向刘彻建议，凡是这些达官贵人有越制行为的，一律没收车马，关押在北军军营，送到前线打匈奴。

这“越”字本来就是一个艺术性很强的字，里面的分寸是人为拿捏的。所以，你到底越制没越制，此时是我江充说了算。

很多达官贵人当然没料到江充这招，所以犯了江充尺寸的人不在少数，这犯事的人也全部被关入北军大营。这帮皇亲国戚个个都娇生惯养，哪受得了这样的待遇，家里的儿孙也犯了急，赶忙跑到京城向刘彻讨饶。

陛下啊，我们交银子赎罪还不成吗？

刘彻暗笑，要的就是你们这句，要的就是银子。

这样，既有了规矩，又有了钱。

江充这一招很像今天的敲诈，但人家拿了御令，做起事来自然方便。

这么一来，江充一下就帮刘彻弄到几千万军饷。刘彻这下高兴坏了，给了江充很高的评价（上以充忠直，奉法不阿，所言中意）。

正是因为江充这几次办事漂亮，刘彻认为江充在监督他人方面有天赋，这一点，不差于犬台宫的犬。于是就给了他一个特别检察官做，这职位既可以调动郡国军队，还可以诛杀犯法的官员，一手掌握公检法三方权力。

从此以后，在一些容易和逾制打擦边球的地方你会经常看到一个人贼眉鼠眼地在旁晃悠。所以被他举劾的人不在少数，这其中甚至包括长公主刘嫖。

这事还得从御道说起。御道，就是专供皇帝行走的道路。臣民不得骑乘车马行驶道中，如经皇帝特许，也只能行驶驰道两旁。这条律令的制定，倒不是因为皇帝一天到晚要在驰道上走，而纯粹是维护其尊严罢了。

谁不愿意走好路啊，尽管法律如此苛刻，但是一些贵戚往往还要犯禁。也正是因为这个原因，在御道上，从早到晚，你都会看见一个忙碌的身影。

这一次，江充又捉到一个人，这个人就是皇帝的姑姑长公主。江充本是个奸佞之人，他能不明白长公主在皇宫中的地位吗？但是他这么做是有原因的。

一是因为当时窦太后已死，长公主已经失去最强大的靠山。二是江充知道刘彻心里对外戚的厌恶。

宫中最有权势的女人江充都敢招惹，不可一世的长公主这个时候作何反应？对此，史书中竟然没有记载。可见长公主对待此事也是大事化小，小事化了的态度。

然而，这并不是江充捕到的最大一条鱼。

一次，江充陪同刘彻一起前往甘泉宫，在去往甘泉宫的御道上，江充发现了太子刘据的车马竟然也在这御道上行走。

江充当即就给刘据开下了罚单，太子知道后，赶紧找人向江充赔不是，希望江充能高抬贵手。

一般人这事也就过去了，况且走的人是太子，以后也是要当皇帝的。但江充根本没有理会太子的求情马上奏报刘彻。

刘彻知道以后，大大嘉奖了江充的秉公执法。

难道刘彻就真的这么信任江充吗？

其实不然，再狡猾的佞臣也只是刘彻手中的一颗棋子，刘彻真正信任的人只有自己。

太子刘据曾经和江充打过一个照面，但是刘据万万没有想到，这个人就是他最后的夺命散。

江充在皇亲国戚面前大大地耍了几次威风，刘彻给了他一个肥差——水衡都尉，掌管上林苑的农田、水池、禽兽（刘彻这个官给得倒也贴切）。当时，江充作为刘彻的御用黑脸已经得罪了不少人，这个差事也算是刘彻对他的一点补偿吧。

到职没多久，江充的贪婪本性就露了出来，他把能安排的亲戚大爷全部安排上了，这些个人和江充一个品性，爱好为非作歹，没过多久，江充就因为这些人把官职丢了。

被炒鱿鱼之后，江充本性不改，依然喜欢在刘彻面前搬弄是非，刘彻也是照单全收，在此之后，江充又干了一单大买卖。这次是以前所有坏事加起来的升级版。

## 刘彻的假想敌

对刘彻的描述中，我毫不避讳那些看上去并不光彩的记载，比如说他看中小人江充、听信佞臣谗言、冷酷无情，但这就是真实的刘彻。

希望呈现给大家的刘彻是立体的，是生动的，而不是书中一幅扁平失真的画，也不是一句假大空的评价。只想告诉你一个简单而重要的事情：刘彻是一个人，而且是一个无比真实的人，他从来没有掩盖自己的野心，也从来没有掩藏自己的恐惧。

恨不得打遍宇宙无敌手的刘彻也有恐惧？

是的，刘彻有，这和他的收获成正比。

笔者曾经不止一次地描写过刘彻处在朝堂之上的心境，一次是仰望，一次是俯视，一次是霸气，而这一次，刘彻是害怕。

他死死地盯着朝堂之下，恨不得明的暗的都能让他看见，他拥有太多了，他得到太多了，于是，他和一个凡人一样，此时最惧怕的就是失去。

生活在地上的人，没有一个他能完全信任，所以刘彻便开始想办法和另一个世界的人对话了。

执政后期，刘彻毅然把自己的一腔余热投入到神秘的魔法诅咒事业当中，他希望自己能够长生不老，得道成仙。大有向天再要五千年的架势。

征和二年的某一天，勤加修炼的刘彻突然做了一个噩梦，梦见许多木头人拿棍子打自己，惊醒后便得了重病。病中的刘彻认为自己这个时候的道术功力已经非常深厚了，区区的几个木头人怎么就能轻而易举地闯进梦中行凶呢。

在现实中我是皇帝，在梦中我刘彻还是皇帝，缉拿梦中行凶者。

这可难为了刘彻身边的亲兵，这皇帝的梦境实在不是我们的管辖范围啊。

于是刘彻坚定地认为这是有人行使巫术，于是派信任的大臣江充去调查。

这第一个假想敌就是战功赫赫的公孙敖家族。这个公孙敖是卫青从小到大的玩伴，也是曾经从长公主的阴谋中救出卫青的人。

也正是这个讲义气的公孙敖因为受妻子行巫蛊的连累当了刘彻假想战争中第一个阵亡的假想敌人。

一位公孙先生去了，另外一个公孙先生也引起了刘彻的怀疑。

这个人就是公孙贺。

公孙贺是一名抗匈将领，在战争中屡立战功。战事完毕下岗之后，刘彻又给了他一个肥差——司机。

人家都说，和领导关系最好的除了小秘就是司机了。

刘彻出行离不开车啊，一坐上车就免不了和司机唠唠家常，于是，公孙贺的关系和刘彻越来越近，最后竟然娶了皇后卫子夫的妹妹卫君孺为妻。这样说来，他和刘彻还是连襟呢。

太初二年（公元前 103 年），刘彻想让公孙贺当丞相。

对于当官这个概念的理解，人和人之间是不一样的。

像田蚡是把脑袋削尖了都想往丞相里面钻。可公孙贺面对丞相这个三公之首的官位却跪在地上哭了起来。

公孙贺不是小泣，而是号啕大哭。这动静是为了告诉刘彻他不想当这个丞相，不是不想，是非常不想。

公孙贺脑子进水了？当然不是。看看刘彻前任丞相的履历表你就会说，谁想当丞相谁脑子才进水呢。

一任建陵侯卫绾，这个丞相是刘彻的老师，也是刘彻的第一任丞相。建元元年的六月，他因病被免去职务。这算是结局比较不错的。

二任魏其侯窦婴，当年作为大将军，破吴、楚，被封魏其侯。他和刘彻两人在合作的初期是很愉快的。一起办了不少事情。但是在窦婴上任还不到一年的时候，窦婴就被自己的亲戚赶下了台。他自从得罪窦太后，就一直郁郁不得志，不得志的人总是很快遭殃。在元光四年十二月的时候，窦婴因为伪诏而被斩首。

三任柏至侯许昌，他是接任窦婴做了丞相的。许昌因为是窦太后所任命的，所以也事事都听从太后的指示，刘彻也讨厌透了他。到了建元六年，窦太后死了，许昌的日子也就不好过了，很快就被刘彻以“坐丧不办”的罪名炒了鱿鱼。

四任武安侯田蚡，早在窦婴当丞相的时候他就垂涎这个位置了，但是做了丞相他也没有办点好事，最后因为对窦婴心有愧疚，活活把自己给折磨死了。

五任平棘侯薛泽。田蚡死后，武帝让韩安国暂时行丞相事，本打算接着就让安国做丞相的，可是在这个时候安国却摔伤了脚，所以让薛泽拣了个便宜。元朔五年冬十一月初五，薛泽被免职，在职几年也没什么表现。虽然没留下什么名堂，他的结局也算不错的了。

六任平津侯公孙弘，他是这几个丞相当中年纪最大的人，在此之前，凡是做丞相的都是侯爵。可公孙弘还没有爵位，丞相加封侯爵，就是从他开始的。他做了六年御史六年丞相，到了八十岁，死在丞相位上。他之后李蔡、严青翟、赵周、石庆、公孙贺、刘屈氂接踵为丞相。自蔡至庆，丞相府客馆都如同虚设，到了公孙贺、刘屈氂的时期已经破烂残败到让人以为是马厩车库或者奴婢的屋子了。之后的六个丞相里只有石庆由于惇厚恭谨，也老死在相位上，其余尽皆被诛杀。

七任乐安侯李蔡，是飞将军李广的从弟，也就是李广自杀后一年，他就因为侵占了景帝陵园前大道两旁的空地来埋葬家人而获罪，他不愿意被审判，便也自杀了。

八任武强侯庄青翟，本为太子少傅，元狩六年夏四月，被任命为丞相。之后也让刘彻逮捕入狱，最后在狱中自杀。

九任高陵侯赵周，元鼎二年二月，武帝任命太子太傅赵周为丞相。九月初六，赵周被控告明知列侯所献黄金不足却不上报，被捕下狱。赵周也选择了自行了断。

十任牧丘侯石庆。石庆“文深审谨”，然而没什么大智慧，不能为百姓谋什么福利，最后是自然死在相位上的，也算善终。

大家都以为高官是肥差、美差。但是仔细看一下这十任丞相，最好的结局也不过是在相位上终老。其他的非他杀就自杀。

公孙贺看得是胆战心惊，这哪是丞相啊，分明就是鬼门关，走上丞相这个位置，半只脚就踏进棺材了，不，连进棺材都不如，有的时候还不一定能有个全尸，弄不好还赔上九族。

刘彻才不管他这一套，谁让人家是皇上呢？公孙贺没有办法，只能硬着头皮战战兢兢地做了丞相。

这样胆小怕事的丞相，怎么会让刘彻定为第二个假想敌？

原来，不仅刘彻的太子儿子不像刘彻，这公孙贺的儿子公孙敬声也不像公孙贺，他老子胆小，可这儿子胆大，典型的二百五。

刘彻丢钱了，丢的是军饷。

而犯罪嫌疑人就是这公孙敬声，征和元年（公元前 92 年），他擅自挪用北军军费一千九百万。

这北军不就是皇城根底下那个皇家警察吗？这北军的军饷可是大有来头啊，那可是江充和刘彻费了很大劲才攒到的一笔钱。这下倒让你公孙敬声挪用了个精光。

你偷谁的钱不好？非偷刘彻的钱，你偷刘彻的什么钱不好？非偷军饷。

刘彻怒了，非常愤怒，后果极其严重。

公孙贺能不知道主子的脾气吗？他知道儿子犯了大错，肯定凶多吉少。

在极度惊慌的心情下，公孙贺想到了一个主意。

也正是这个主意，让公孙贺一家彻底玩完。

公孙贺的主意是以抓捕“通缉犯”朱世安为条件，替儿子赎罪。

在父爱的驱使下，公孙贺玩了命地抓捕朱世安。

在求生的驱使下，朱世安玩了命地逃跑。

但是他没有跑过公孙贺。

这朱世安也郁闷，这警察抓小偷的游戏不是这么玩的，你是往死里整我啊。

朱世安可不是省油的灯，一个通缉犯能逍遥这么多年是因为他手里有料，这料都是王公贵戚、纨绔子弟的，随便这么一爆，都能搞出个响动来。

朱世安被抓了，他本能地翻了一下自己的八卦杂志，一看，还正好有公孙贺儿子公孙敬声的。

朱世安仰天大笑，哈哈，好你个公孙贺，老子就是死了也要拿你全家当垫背的。

朱世安一点都没浪费时间，他在狱中立刻提笔写了一封给皇帝的信，信中说公孙贺的儿子公孙敬声和卫子夫的女儿阳石公主私通，不仅如此，还在皇上去甘泉宫的路上埋下了巫蛊小人，用来诅咒皇上。

如果说刘彻上次是愤怒，那么这次是彻底崩溃了。他眼中、脑中、心中立刻具化出无数个巫蛊小人在向他张牙舞爪。

公孙贺父子毫无疑问地死在了狱中，而且满门抄斩。

事情远没有完，“巫蛊”这东西，可和毒品一样，沾不得半点，只要和它有一丝联系，就意味着你的死期将至。几个月之后，就连刘彻和卫子夫的亲闺女诸邑公主、阳石公主，卫青的儿子长平侯也被牵连，并且无一免死。

这个时候，大汉皇宫全部笼罩在一片“巫蛊小人”的恐慌中，刘彻也是铁了心地要献身鬼神事业。

有需求就有市场，越来越多的神道大仙聚集在京城皇宫，个个都是法力无边，谁都能和神鬼说上几句。

这些个有能耐的人立刻让汉朝的审讯手段和形式有了一次质的飞跃。

以前判定一个人说别人坏话，诽谤他人，一定要见其人，闻其声。而现在呢？又出了一个“腹诽”，也就是说，你嘴上不说，但是我用仙术知道你肚子里对我有意见也不行，别以为你猫着悄声的我就不知道。

这个技术真是让人叹为观止，就连科技发达的今天，我们也只停留在测谎仪的阶段。

不仅如此，这些大仙声称，在住的地方埋上小木人，定期祭拜就能多福消灾，于是，皇宫里的一些宫女信以为真，这个做法很快就在宫中流传开来。

就这样，“巫蛊”因为其便利性，成为了刘彻时期杀人灭口、栽赃陷害的必备良品。

所以，很多人借“小木人”互相栽赃陷害，于是一个个消灾祈福的小木人全部变成了诅咒刘彻的小木人。

刘彻大开杀戒，卷入其中的人不计其数，后宫加上朝中人士在此次事件中死者达到数百人。

可怜这些有血有肉的人，被一个个干瘪无生命的木头小人左右着、杀戮着。

乱世出英雄，乱朝出奸臣。江充又和大家见面了。

在此之前，江充得罪了不少人，其中更是包括当朝太子刘据。江充心里明白这刘据可是太子啊，老子一死，就是刘据的天下了，所以，江充的当下任务就是整垮太子。

一个小小的江充，虽然得刘彻的宠信，但他一无背景，二无后台，平常干的都是招惹人的事情，他凭什么有这么大的口气。

他自有办法，江充明白，这“巫蛊”是个屎盆子，往谁头上扣谁臭。

为了毁掉太子，江充才不管死多少人。

他对刘彻说，陛下以前的身子骨多好啊，都是受这个“巫蛊”之害让陛下落下病根，这有病根就是还有人在背地里暗自诅咒您呢，想要根除病根，必须把小木人完全找出来，杀光诅咒的人。

刘彻本来就好这口，再加上又处于头脑发热期，江充这个建议立刻得到了他的认可。不仅如此，刘彻还给江充配置了几个人，宦官苏文，安道侯韩说，御史章赣，这三个人的加入无疑大大增加了江充的破坏力。

江充做的第一件事情就是挖洞掘土，他先从失宠的嫔妃处挖起，但这并不是江充的真正目的，想想就能知道，一个失宠的嫔妃能有什么挖头啊，做皇帝的女人都应该知道，有得宠的一天就有失宠的一天，早晚的事，况且现在皇帝疑神疑鬼，谁敢没事拿小人玩啊。

江充挖着挖着大家就见端倪了，他渐渐地挖到了皇后家，后来又挖到太子家，这也就是他此次的目的。

江充之所以对挖坑事业如此执着，是因为他十分清楚，刘据一旦当上了皇帝，他必将死无葬身之地，所以，对太子一定要一棒子打死。

这真是一个风尘仆仆的夏天。皇宫上下，四通八达，简直成了老鼠的地道，最后皇后和太子连睡觉放床的地方都没有了。

这简直就是老鼠扛刀，满街找猫——嚣张至极。

一通乱挖乱掘之后，江充声称，太子宫中挖出的小人最多，不仅如此，上面还写着谋反的文字，此事重大，必须马上告诉皇帝（充云：

于太子宫木人尤多，又有帛书所言不道，当奏闻）。

太子一听慌了。此时的刘彻并不在朝中，而是在甘泉宫中避暑，刘据知道，不管这木头人是真是假，只要江充一向父亲禀报，他必死无疑。赶紧和他的老师石德商量。

石德给出的建议是赶紧捉拿江充，因为皇帝此时不在朝中，先抓捕江充，严加审讯，揭穿他们的阴谋，到时候再向皇帝说明情况。

太子听了石德的建议还是拿不定注意，刘据决定亲自到甘泉宫向刘彻说明情况。

江充怎么会这么轻易放了太子，此时抓住太子就是抓住自己的命，皇帝和太子毕竟是亲生父子，太子一旦向皇帝说明情况，他一定难保性命，所以江充死活不让太子走。

万般无奈之下，太子刘据只得冒一次险。

正和二年（公元前 91 年）的一个夏天，太子刘据派人装扮成父亲刘彻的使者，前去捉拿江充团伙。在捉拿的过程中，韩说起了疑心，不肯就犯，被前来的武士杀死，江充被抓，但是另外两个人——苏文和章赣却逃走了。

他们逃跑的方向当然是甘泉宫。

面对江充这个大贼人，刘据自然也就顾不得逃走的那两个人了，但是，放走苏文和章赣也是刘据犯的最大的错误。

兵士们把江充带到刘据面前，刘据恨得咬牙切齿，江充你这个赵国狗贼，你挑拨离间赵国的父子还不够吗？今天又要加害于我，我今天非要了你的命不可。

斩杀江充的时候，刘据亲自到场，他要亲眼看到这个挑拨离间的贼人死。

江充死了,“八千富贵险中求”,正是他的写照。杀人放火,才有活路。可是险到极致便是危亡。他万万没有料到自己的命运早已被时间算计过了。

杀死江充之后，刘据又把那妖言惑众的胡巫也烧死了。

此时的刘据已经没有后路可以退，他不明白父亲到底是怎么了，皇宫到底是怎么了，周围的一切都让刘据感到恐惧。他多想回到无忧无虑的童年，回到母亲身边去。

刘据当真回到了未央宫去找母亲卫子夫，这一次，他的手里拿着棍杖，他要接受母亲的责罚，他要寻找母亲的庇护。

卫子夫听了儿子的讲述，哪里顾得上责罚，她早已泪流满面、悲愤不已。

“巫蛊”已经让这个憔悴的母亲失去了两个女儿，如今，它还要继续害我最爱的儿子，还要害我的太子，我决不能让这样的事情再发生，我一定要保护我的儿子。

远在甘泉宫的刘彻此时也许正浸浴在温泉中，他没有看到，也没有听到这对母子之间凄凉的对话。刘彻即将等来的是苏文、章赣，还有他们带来的一则天大的消息。

卫子夫调用了全部她能调得动的兵马，集合长乐宫的所有兵士全力支持太子，她也是在尽一个母亲的力量全力保护儿子啊。

苏文和章赣以逃跑的速度很快就到达了甘泉宫，在甘泉宫门口，两人歇脚商量，一致同意把白的说成黑的。

两人找到了正在泡澡的刘彻。上述事件在他们完全颠倒之后，江充就成了超人式的英雄人物，太子就成了起兵反叛的大恶人。

离宫多时，刘彻似乎是因为远离了那些木头人，所以变得比较理智，他说，太子和江充以前本来就有过节，江充一定是声势太大把我儿子吓着了，刘据才做出这样的事情来的。这是刘彻在“太子叛乱”中唯一的一次表现对太子的情感，但仅仅是唯一的一次。

于是，刘彻派人把刘据找来说明情况。

文章中，出现派人的“人”字的时候，这个被派的人通常也都是不痛不痒地一笔带过，电视剧中，这些被派的人也就是一个群众演员，顶多也就有几秒的镜头，有的时候连个正脸都没有看到。

但这次，就是这个被派的“人”坏了事，坏了大事，由于史书没有记载，这位仁兄到底姓啥名甚，实在无法考证。且称“人”兄。

这位“人”兄到了太子宫，听见里面乱作一团马上慌了神，他怕太子杀红了眼，见谁杀谁，于是就在城外晃了一圈。

这位“人”兄以报信的速度很快就到达了甘泉宫，在甘泉宫门口，“人”兄也歇了歇脚，自己内心两个小人斗争过之后，一致同意把没的说成有的。

“人”兄找到了还在泡澡的刘彻。说，太子造反了！真的造反了，他还要杀我，幸亏我逃得快。

刘彻大怒，一下从澡盆子里站起来，反了他了。

历史就这么诡异，好多大人物的故事往往就是这些小人物造成的，他们甚至连名字都没有，“人”兄算一个。

至此，刘彻和儿子刘据恩情全无。

至此，长安城中太子造反的谣言四起。

这可吓坏了当朝丞相刘屈氂，他根本就没有查证一下事件的真相就慌忙逃走了，走的时候连自己吃饭干活的工具丞相大印也弄丢了。真是丑态百出。

刘彻本来是去甘泉宫养病的，这下也让太子刘据给气精神了，他顾不得病痛，从甘泉宫中出来，亲临长安指挥平叛。不仅如此，刘彻还征召长安周围的士兵，号召各地两千石以下的官员全由丞相调配。

顺便说一下两千石的概念，一石米约为成年人半月的口粮。

在平叛演说中，刘彻昭告所有的士兵，谁能捉到叛贼，我大大有赏！

这还不够，刘彻还上手策划作战阵型，力保不放走一个叛贼。

一场儿子和老子之间的战争就这么开始了。

太子这边是明显占下风的，首先，刘据向百官说明了自己用兵的理由，力图证明这不是一场造反。

父皇病重，困于甘泉宫中，而奸臣江充又加害于我，我是不得已而为之。

刘据此时已经刹不住闸了，他制造了一份假圣旨释放了长安城中的囚犯，并且发给他们武器，由少傅石德和门客张光统帅他们抵抗丞相的军队，刘据希望这些早已不怕死的囚犯能给他一丝庇护，然而这样的抵抗没有持续多久。

刘据只好求助于北军使者任安，任安原来是卫青的部下，也是司马迁的朋友，刘据希望他能念在这个份上帮他一把。但任安着实不愿搅和进来，因为这打仗的两方毕竟是亲生父子，谁知道这唱的究竟是哪一出。

如果我帮了太子，太子兵败了，我就是共犯，一定会被皇帝杀头，如果我不帮太子，太子败了，但日后又平反昭雪，我又成了见死不救。

任安经过一番分析之后，选择了一个最折中，但也却最涮人的做法，答应太子的请求，但是按兵不动。

朝廷的军队放鸽子，刘据只得发动民间力量，受够江充“巫蛊之害”的长安百姓听说太子杀了江充，都愿意帮助太子。

太子领着他的民兵小分队和丞相的大军正面相遇了，一边是专业的，一边是业余的，但就是这样，这场战斗依然打了五天。五天之内长安城中血流成河，上万人死于这场糊涂的战斗。

后来，人们听到皇帝的平叛演讲，这才知道没有分清敌我，群情激奋的平民一哄而散，太子刘据兵败。

转瞬之间，刘据失去了所有的进攻手段，只能逃亡，等待着父亲的反应，此时的刘据心中还是存有念想的：或许他还记得他是我父亲，亲生父亲。

刘据这个念想很快就被继续的杀戮掐灭了。很多在这次事件中帮助太子说话的人都被刘彻杀了。同时，太子的门客，只要是曾经出入太子宫的人一律诛杀；跟随太子发兵的株连九族；就连被太子用胁迫手段招来的普通士兵也要发配边疆。

刘彻和卫子夫之间也到了恩断义绝的时候了，刘彻派使臣来到未央宫要收回皇后的玉玺和绶带。

卫子夫凄然回首他们的初遇，时光已经流逝了40多年了。

卫子夫自杀了，她已顾不得逃亡中的儿子，对于一个帝王父亲，她一个母亲的力量显得那样的孱弱。

一个灰姑娘的爱情神话终究经不起时间的推敲。

# 【第十三章】最后的日子

> 公道
> 笔墨千秋
> 汉朝小民的牢骚

## 公道

就在满朝大臣人人自危的时候，站出了一个人，泱泱百官，却只有这一个人说了句良心话。

这个人就是令狐茂。他远在山西东南部的壶关，隔着这么远他都能知道太子的冤屈，何况是满朝文武百官，都只求自保而已啊。

他冒死向刘彻上书，在书中，他分析了太子刘据用兵的原因，也说明了太子刘据的冤屈。

一是太子和陛下是人间至亲的父子关系，这一点是无法磨灭的，也是世间任何关系都不能替代的。

二是江充本来就只是赵国的一个难民，得令于陛下迫害太子完全就是狐假虎威。

三是太子心中的想法无法正确地传达到陛下的耳朵里，无奈才杀死江充起兵逃亡的。

这则上书情真意切，处处得理，刘彻看后触动很大，在这一场太过突然的战争中，我是从来没有听过儿子的辩解，也从来没有给他机会让他说。

令狐茂说的一点也没错，就在刘彻犹豫的当口，那边已经传出太子被逼自杀的消息了。

迟来的正义从来就不是正义。不管刘彻此时心中有多少后悔，他也只是一个暮年的老头了。人们都说疏不间亲，又云虎毒不食子，但晚年的刘彻在奸臣江充的挑拨下，悍然逼死了自己的老婆、儿子、女儿、侄子。

或许刘彻心中也有疑惑，这到底是怎么了，刘彻能挂在嘴边的人大多都死了，白茫茫一片大地也真是干净了。

都是怎么死的，都死于刘彻心中莫名的恐惧。

实则是刘彻对权力的眷恋，他不想死，他舍不得大汉国，皇帝他还没当够。这也是一个暮年帝王不可避免的心理。

出来混，迟早要还的，刘彻没有公道，命运却也公道。

征和三年（公元前 90 年）匈奴卷土重来，再次和汉朝火拼。

俗话说，是骡子是马拉出去溜溜。

刘彻又派出了贰将军李广利。

李广利这次也没有轻装上阵，他在战前和现任丞相刘屈氂进行了一次谈话，也正是这次谈话把李广利送进了棺材，一同陪葬的还有刘屈氂。

原来，刘据死后，太子的位置就一直空着，李广利希望丞相刘屈氂能走动走动，立昌邑王为太子。

这昌邑王就是李夫人的儿子也就是李广利的外甥。而丞相刘屈氂和李广利是亲家，如果这次昌邑王能当上太子，好处少不了大家的。

这两人商量是商量，可他们犯了一个最致命的错误——没关紧门窗。

两人这一番谈话被人听到并且告发了。

在汉朝时期，君君臣臣是分得很清的，大臣私下里议论立太子的事情可是杀头的死罪。

这个时候的李广利已经在前线了，那就只能先处罚刘屈氂了。

这个刘屈氂更要命，不仅有私议太子的罪过，而且和夫人也整了小木头人，于是这夫妻俩双双被刘彻斩首了。

李广利因为在前线，刘彻就先抓了他的妻子。可见刘彻一遇到敏感事件，果然是六亲不认。

还在前线的李广利听说自己妻子被抓了，这摆明就是断了他的后路了吗，眼下他也只能立功赎罪了。

他想干笔大的，结果没想到连本钱也赔了进去。

李广利的战术素养本来就不怎么样，现在又加上心绪不稳定，他制定的冒进战略很快就失败了。

这最后一丝希望也没了，李广利是彻底失望了，此时即便是回朝也是死罪。

好吧，干脆投降算了。

此次兵败，李广利赔上了七万汉家儿郎的性命。七万啊！

自此，在李夫人带领下的李家团伙洋洋落幕。演出效果和卫家同出一辙。

纵使是火，飞蛾也还是不断的。何况是皇位，只要过了刘彻这团火，以后天下就任你烧。

同样的感受，给了很多人同样的渴望——当皇帝。

先说昌邑王吧，他先给众王子打了个头阵，还没摸清楚情况就让舅舅和丞相往前冲，结果是陪了舅舅又糟践了自己。昌邑王被刘彻永远地否定掉了。他的福分被排到了儿子辈。

这个失败案例也让众多皇位争夺者长了教训，直抒胸臆既然不行，那咱们就拐弯抹角，尝试第二种方法的人就是燕王刘旦。

后元元年（公元前 88 年），燕王刘旦很突然地对自己老爸提出一个要求，希望到刘彻身边当刘彻的近身侍卫。

可是他忘了，敏感时期，一般都是哪壶不开提哪壶。你这摆明不就是套近乎吗?

刘彻要是吃这套，怎么会有那么多大臣成为了他的刀下鬼。

可怜的是那个替刘旦带话的使者，替刘旦挨了一刀，这一刀是在脖子上。

这对刘旦只是一个预警，刘彻要给刘旦开一个课堂，给他讲讲什么是皇帝，什么是资格，什么是该寻思的，什么是不该寻思的。来年的时候，刘彻又查出燕王一些事儿，继而又削了他三个县的封地。

按理说，这两个倒霉人也不是刘彻的后儿子，都是血肉相连的，可为什么刘彻偏偏就什么敏感，这其实说明，刘彻到了晚年的时候性格真的是比较多疑了，他信任的人只有他自己。

还能说明刘彻这皇帝当得确实有水平，他对未来继任者的要求是很高的，他需要选择。

刘彻本来一共就六个儿子，这一下就少了对半，刘彻的锁定目标越来越小。

最后，刘彻看上了刘弗陵。

这刘弗陵的母亲就是刘彻晚年的爱妾钩弋夫人赵氏。

说到这钩弋夫人，还有一段称奇的事情。

在卫子夫皇后因“巫蛊之祸”而自杀之前两三年，一次刘彻巡行至河间，遇到一个非常漂亮的姑娘。这个姑娘与众不同，因为她先天患有一种疾病而不能展开双手，只能把手握成拳。而且谁都没有办法把她的手打开。

美女当前，刘彻激动不已，他亲自去尝试为她掰拳。于是奇迹出现：这双手很轻易地恢复成了健康的模样，更奇怪的是在右手心里还紧紧地握着一只小小的玉钩（正史中没有相关记载）。刘彻非常高兴，将她带回宫中。

不久，她为已经六十五岁高龄的刘彻生下了最小的儿子刘弗陵，而她生这个小儿子的时候竟然怀了十四个月的孕。这个儿子的年龄竟然比刘彻的孙子年龄都小。

也是因为这个儿子她被进封为婕妤，号钩弋夫人，小皇子也被称为“钩弋子”。

这又是一个母以子贵的例子，贵是贵了，但却不是什么好事，

钩弋夫人万万没有想到，她最大的不幸就是生了这个儿子。

刘彻曾经说过刘据很不像自己，刘彻又曾经说过刘弗陵很像自己。

这个时候，太子之位仍然空缺，刘弗陵长到五六岁的时候，非常聪明可爱，而且身材异常高大。刘彻看这软件、硬件都比较符合自己的标准，于是便决定要册立他为太子。

这个决定刘彻考虑了很久。

因为刘彻还在想一个异常现实的问题。

这个时候的刘彻已经是六十多岁的老头了，而钩弋夫人当时却很年轻，她要走的路还很长。

看着年轻美貌的钩弋夫人，刘彻感慨年华已逝的同时，也感觉到一种强大的威胁，那就是年轻，刘彻不惧怕年轻的对手，但是他却惧怕死亡。

吕后那一幕实在是刘彻无法摆脱的噩梦。

你不是有很长路要走吗？那么我就断了你的路。

年纪毕竟是大了，刘彻开始琢磨着要如何弄死钩弋夫人，而且还要搞垮她身后那个强大的外戚后援团。

刘彻下决心要搞垮他的后宫，事实上，他的继位就是宫廷斗争的结果。他从小就知道后宫这些看似楚楚可怜的美人在宫廷斗阵中的阴暗面和女人干政的厉害。

为了大汉江山，刘彻早就摒弃了仁慈。

想要除掉你，当然要先看你不顺眼，看你不顺眼的理由还不是千千万万。

一天，刘彻为了一件小事和他年轻的妻子大发雷霆，钩弋夫人吓得赶忙磕头认错。而此时的刘彻决心已定了。

你必须死！

刘彻没有理会背后钩弋夫人那一声声的哀求。

青春这东西，真的不能作为赌注，起码在刘彻这不行。

可怜的钩戈夫人，才刚刚二十几岁，韵味都还没长成形呢，身在繁华如梦的皇宫，以为自己前程似锦，谁想阎王催得这么急，昨天还是老夫少妻共赴温柔乡，今天却要面对着丈夫无情的背影身首异处。

曾经以为青春是强大的筹码，美丽是富贵的资本，谁想一夜之间，这一切都调转枪头全部叛变。

唉，红颜命薄，年轻的红颜命更薄。

可怜的钩弋，年纪轻轻就做了政治斗争的殉葬品，而他的儿子刘弗陵正整装待发地向大汉的帝位进军，可惜的是她永远也看不到这一天了。

刘彻的疯狂依旧没有停止，他想要看到后宫的效果是摧毁，是片甲不留。

为此，他不仅灭人家三族，还基本灭了自己三族。

因此，在刘彻最后的日子里，所有为他生过孩子的嫔妃，不论生男生女，全部赐死（诸为武帝生子者，无男女，其母无不谴死）。

命运的月台。

历史总是这样的诡异，在一些事情我们认为消失不见的时候，结果他又上妆重新登台。

先前刘彻的一系列动作说得大点是为了大汉王朝，说得小点是为了一个人——霍光。

命运总是在一个一个月台之间走走停停。

霍光已经成功洗牌，卫子夫、卫青早就是旧事故人了，霍光身上除了那个无法更改的姓氏曾经的荣耀以外，他的身上早已没有了外戚任何的纤尘。

也正是因为如此，刘彻才如此看好他。

早在卫青和霍去病是威风凛凛的将军的时候，霍光就出生了，他是霍去病的弟弟，不同的是，霍去病是私生子，霍光是正牌子。

元朔四年（公元前 119 年），二十一岁的霍去病以骠骑将军之职率兵出击匈奴，路过河东，跟生父相认，并且为父亲购买了大片田地房产及奴婢。当时，霍光仅十多岁。在霍去病得胜回朝的时候也顺便把霍光带到了长安。

霍光小小年纪就跟随骠骑将军哥哥来到了皇宫中，皇权的威严让他日渐成熟了，他的心中树立起两个天神——皇帝和哥哥，他们显得那样遥不可及，可他们又那样真实地存在于霍光的眼中。重生的愿望沐浴着少年霍光的灵魂。

他晚上数着天上的星星想着哥哥的英姿和教诲，到了白天，他从远处看着皇帝，这个大汉朝最强大的男人。骠骑将军再次出征了，霍光任郎官，后升为诸曹侍中，参谋军事。

兄弟俩没有想到，这样相处的时光只有短短两年。

两年之后，霍去病去世。

对于霍去病的去世，最为伤心的人是刘彻。

为了表达自己的哀思，刘彻厚待了他的兄弟。刘彻让霍光做了他的奉车都尉，享受光禄大夫待遇，负责保卫自己的安全，所谓“出则奉车，入侍左右”。刘彻总是在想，这个少年身上或许有霍去病的影子。

既是是在死后，霍去病仍然勇猛神武地俯瞰着汉廷的每一个人，放佛成为一块无法超越的丰碑。

少年霍光的身上承载着一种东西，心中这种源源不断的前进动力让他从来不吝惜自己对天命的想象力。

他变得更加沉稳和冷静，刘彻也越发地信任他。错综复杂的宫廷斗争让他的政治素质得到了彻底的历练。虽然也有小狡黠，但他身上更多的是优秀的品质。

刘彻留给太子五个人，在这个班底中，霍光是最关键的人物。

本来作为首辅的人选，从个人品性上来说最让刘彻放心的是金日磾。

金日磾，这个人竟然是一个匈奴人，刘彻对匈奴人的恨是众所皆知的，但就在这样的一种情况下，金日磾却得到了刘彻的重用，可见刘彻的用人方略确实是不拘一格。

这个金日磾本是驻牧武威的匈奴休屠王太子，“金”是刘彻给他的赐姓。

大汉朝怎么会有一个匈奴人，而这个匈奴人还得到刘彻这么多的信任，甚至在还要把汉朝的辅国大任交给他。

也就从这个时候，金日磾在大汉的政治生涯也是从这里开始。

元狩二年（公元前 121 年）的春天，朝廷派遣骠骑将军霍去病率领上万骑兵，出陇西，过焉支山千余里，切断匈奴右臂，执浑邪王子，缴获了休屠王的祭天金人。

到了夏天，祁连山的浑邪、休屠二王受到霍去病更沉重的打击。

同年秋，匈奴单于因浑邪王数次被汉军大败，匈奴伤亡无数，怒不可遏。

匈奴单于的愤怒让这两个王害怕了。好死不如赖活着，浑邪王便说服休屠王共同降汉，想不到的是休屠王又中途反悔，浑邪王便杀了休屠王，其众四万余人降汉。汉武帝封浑邪王为列侯。金日磾因父亲被杀，无所依归，便和母亲阏氏及弟弟沦为汉朝的奴仆，被安置在黄门署养马，这时候的金日磾仅十四岁。

刘彻爱马这是人所共知的，有时候一高兴，就会带左右随从去看看他的马，一次在宫中刚吃饱喝足了，刘彻就又要去看马。

当他看到一个体形魁伟、容貌威严、目不斜视的青年牵着膘肥体壮的骏马从殿上走过时，感到很惊讶，在他的脑子里没有这号人啊。

就问起这个牵马人的情况。当他得知金日磾为休屠王之子后，就让他当了马监。之后升迁为侍中、驸马都尉、光禄大夫。由于他孝敬母亲，做事小心谨慎，从不越轨行事，深受刘彻信任，成为亲近侍臣。

但即便如此，刘彻也不会信任到把辅国重任交到他手上，但自从发生了一件事情之后，刘彻认识到这个人真的是个能用之人。

金日磾有两个儿子，刘彻很喜欢这两个虎头虎脑的小家伙，时常把他们留在身边嬉戏，但是其中年长的那孩子越加放肆，有一次竟然公然调戏宫女。金日磾一看火了，立刻亲手杀了自己的亲儿子。

事情本不应该处理得这么火爆，刘彻心想，原来不是光我一个人杀儿子啊。刘彻从这件事情当中看出了金日磾是个可用之人，日后对他更加敬重，至于他是一个匈奴人这码事刘彻似乎早就忘记了。

假如说刘彻这个时候对金日磾的国籍还有一点顾及的话，那么后来发生的这一件事情让刘彻对金日磾完全放下了防备。

征和二年（公元前 91 年），由于江充诬陷太子事件败露，刘彻诛了江充九族。江充好友马何罗阴谋反叛，但被金日磾发现，并暗中监视他。一天，刘彻出行到林光宫，金日磾生病卧床休息。

马何罗竟然窜入宫中向刘彻行刺，早有警惕的金日磾迅速上前抱住马何罗，大喊“马何罗反了！”侍卫们一拥而上，就这样，金日磾救了刘彻一命。从此，金日磾的忠诚笃敬和聪明才智不仅得到了刘彻的认可，而且得到了满朝文武的认可。

金日磾忠心而且谨慎，行事光明磊落，没有汉人那么多弯弯肠子，又颇懂为人处事和折冲御侮之道，把太子交给他是最让刘彻放心的。但国籍问题是刘彻最想忽略但却最不能忽略的问题。

且不说刘彻心里会不会有那种“非我族类，其心必异”的小家子气的想法，首先群臣的舆情这道关口，金日磾就闯不过去。

刘彻深知要让手下这群臣子心甘情愿地跟着一个匈奴人办事是肯定办不到的，金日磾有能力治国，但是却没有能力镇国。

对于目前百业凋敝、再也经不起穷折腾的大汉江山来说，上层统治集团的团结是至关重要的。如果辅臣班子发生分裂甚至引发动乱，对于帝国的伤害将是致命的，刘彻看到了这一点。

金日磾再优秀再忠心也不可能成为他的首辅顾命大臣，所以他选择了根红苗正的霍光。

不久，刘彻便命画工画了一幅周公背负周成王的图画赐给了霍光。

这幅画可不是刘彻的什么临别赠品，这幅画是替刘彻说话的。

原来，在周武王临终的时候，儿子成王年龄非常小，于是周武王就将成王托付给他的弟弟周公姬旦。

赠画的原因并不是刘彻的表达能力强，是因为刘彻的用心良苦啊，他希望霍光能效仿周公，辅佐少主刘弗陵。

但霍光似乎没有明白这其中的意义，他心里也纳闷，这皇帝怎么会送我一幅画呢？霍光带着一副莫名其妙的画和满肚子疑问回到了家中。

后元二年（公元前 87 年），刘彻越发垂老，每一次呼吸都变得越发困难，当年打匈奴的时候刘彻似乎都没有感觉如此费劲。

也许这一次，我是真的老了，如此苍白、单薄和彻头彻尾，如旋涡一般将我拉向底处的死亡。

看到刘彻这个样子，霍光哭着问刘彻，陛下如果遭遇不测，谁可以继承大位啊。刘彻回答，你以为没事送你画玩啊，我没有那种闲情雅致，我之所以送你画是另有深意啊。

我的儿子刘弗陵就是成王，你就是周公啊。

霍光恍然大悟，哭得更厉害了。

刘彻下诏，立幼子刘弗陵为太子，霍光、金日磾、桑弘羊等人为辅政大臣。

霍光是一把手，金日磾是副手，我们以为刘彻会完全信任谁，但其实刘彻从来没有完全信任过谁，让他感觉安全的只有权力。

以刘彻的精明，他知道滋长野心的温床就是权力，看起来再正直老实的人也说不定戴着一副面具，所以托孤重臣是不可能让他放心的。但以目前的实际情况，霍光确实是最合适的人选。

刘彻看中霍光的原因，并不是一般人印象中的“忠心”，而是霍光的“能干”。霍光是一个很有才干也很有手腕的人，兼之长期在刘彻身边参赞机要，熟习庶务，把儿子交给他，应该说没有什么事情摆不平。霍光在朝廷的名声很好，也素有人望，虽然在品性上比金日磾差一个档次，但他是汉人，仅凭这一点就能轻而易举地获得金日磾无论再怎么努力也换不来的那些汉人大臣们天然的好感。再加上霍光平时韬光养晦，待人谦和，持身又极正派，又不仗着是皇帝的宠臣而趾高气扬地欺压别人，这些都为他在同僚眼里加了不少印象分，可谓众望所归。

刘彻的算盘原来算的是这个——让霍光出来领班，而金日磾则不出头，低调地以霍光副手的身份一同辅政。只要有金日磾作为掣肘存在，霍光就有牵制。

然而人算不如天算，刘彻计划得如此周详，却没有想到阎王也急着催金日磾。

下诏后的第三天，刘彻就离开了这个他无比眷恋的人间。

总有一些事情，还未来得及注解，就被时间一层层包裹，带去了不知名的天堂。有人说刘彻该下地狱，笔者却不这么认为。

对于一个知道错误的帝王，我想天堂是愿意接收的。

在刘彻去世的前两年，一向专横的他竟然对天下人说，朕错了。这个认错方式不仅是说出来的，而且是做出来的。

这就是《轮台罪己诏》。

当然，这么大张旗鼓地认错，刘彻是中国帝王第一人。

这次认错不排除是刘彻的一次政治作秀，但其中的积极意义我们还是不能否认的。

## 笔墨千秋

似乎只有一个人说出了刘彻的真相。

让我们回头再看看另一个伟大的人——司马迁。

记得有位名人说过："死是一件不必急于求成的事，死是一个必然会降临的节日。"

当一个人站在命数的尽头，回身看看深深浅浅的脚印的时候，如果谁能有一种过节的坦然与欣喜，那么，恭喜你，你可以含笑九泉了。

这种功德圆满后的百感交集，也许很少人会有，但作为精神贵族的司马迁肯定是会有的。

公元前 99 年的那个秋天，李陵带着不足五千的步兵同匈奴八万人马进行了生死对抗。汉军经过十多天的浴血奋战，杀死了匈奴一万多人，自身也伤亡惨重！因兵力悬殊，加上既无援兵相救，又无粮草补给，最终弹尽粮绝，几乎全军覆没，李陵也力尽被俘，被迫投降！

当一干人等都看着刘彻的脸色说话的时候，司马迁没有沉默！从良心上说，他不忍心看到忠心为国的李陵蒙受不白之冤，虽然是投降了，但那是被迫的啊；从职责上讲，他没有辜负官职赋予他的责任，他敢于开口，开口敢于讲话，讲话敢于讲真话。

因此，他不顾后果地挺身而出，但没想到，这次挺身而出让他掉入了万劫不复的深渊。

在一个文化屈从权势的传统中，司马迁站成了一棵孤独的树，一棵孤独地看守心灵月亮的树。也是这种坚韧的姿势没有让我们在黑夜里昧昧昏睡。

历史是从来不能屈服的，司马迁捍卫了它。

对司马迁的一生造成重大影响的，除了"李陵事件"之外，另一件就是撰写《史记》。

从公元前 108 年开始整理史料，为写《史记》做准备，到公元前

91 年正式完成《史记》，司马迁整整花了十八年时间。

十八年可以够一个男儿再次超度成一条好汉。

但这十八年对于司马迁来说却不是一个值得感念的过程，尤其是受宫刑后的七年，那对司马迁来说，太长了。

受宫刑以后，司马迁每次想到自己所受的奇耻大辱，就汗流浃背，浑身湿透，“居则忽忽若有所亡，出则不知其所往”。由此可见，这次人生的巨变对司马迁的打击是非常巨大的，它让司马迁的精神几乎到了崩溃的边缘！

很难理解，度日如年的司马迁心中到底存在着什么样的力量，让他能压抑心头怒卷的狂涛，专心致志地投入到《史记》的写作中的呢？是怎样的心境让他发出了“人固有一死，或重于泰山，或轻于鸿毛”这样的感叹？

但就是这样，司马迁却没有把《史记》写成一部尖锐的控诉史，他依然以他的基本客观感动着世人。写作成了他此时唯一的寄托。他日日不停，夜夜不息，经过十八年的痴心浇灌，终于完成了父亲临终前的嘱托，终于完成了自己“究天人之际，通古今之变，成一家之言”的心愿，终于洗雪了自己所受的奇耻大辱！当司马迁写完最后一笔的时候，他的心中一定充满了难以形容的喜悦！苏轼说：“古之立大事者，不惟有超世之才，亦必有坚忍不拔之志。”这也可作为司马迁的写照吧！

论起絮叨别人家家长里短的本事，司马迁可算是第一流的高手，这种议论当然不是居委会大妈式的风格。

在千言万字的《史记》中，我们很少看到司马迁对自己家事的唠叨，这是典型的“厨子家里没有好锅灶”。

但写历史的毕竟不只他一人，我们还是从别人的文字中看到了一个完整的司马迁。

司马迁祖上在周朝的时候就是史官，到了他老爸司马谈那辈，又重新端上了这个饭碗，干起了祖宗的本行。所以司马迁是正经八百、根正苗红的史学世家出身。

据司马迁自己说，他小时候干过体力活，这一说到体力活，就不得不透着那么一股子苦大仇深。过去的文人似乎很爱往劳动人民队伍里扎，这么一个猛子下去，上来的时候就显得自己倍儿朴实。比如，说起某某大臣清廉的时候，最极致的例子就是人家吃的菜都是自己种的。

这个问题不重要，就算是体验生活吧。司马迁从 10 岁的时候就开始读古文接受那个时候的教育了。司马迁所处的时代，恰好是汉武帝刘彻听从董仲舒建议的时候。

那个时候的主流文学是儒学。等到司马迁家搬到京城后，董仲舒成了司马迁的导师，所以，司马迁的基本马步打得特别扎实。

司马迁老子司马谈的收入在当时不算高，但司马迁到了 20 岁，老头子狠心下了血本，自费让儿子去旅行。

这次为期两年的自费旅行里，司马迁每到一个地方就考察风土人情，做了大量实地采访，为日后写《史记》打下了实践基础。

这个时候的司马迁还没有滋生出那么多的伟大情怀，但也绝对算得上是一个热血青年，当他走到屈原自杀的汨罗江边，感动得流了眼泪；到了孔子老家，也触动了他的灵魂。

文化蜜月回来之后，司马迁就到国家机关正式上班了，小公务员一干就消磨了十多年青春。之后的他又去了云南和四川的一些地方，等再回到老爸身边的时候，老头子已经病得不行了。

临终前，司马谈按当时文化人的惯例先周公、孔子地缅怀了一通先贤，然后才点到正题：“我死之后，你一定要接上史官这个工作，我想完成的这部历史书，就全靠你了！”说完这句话，老人就安详地去了。

司马迁明白了，这是家父的一个最大心愿。

到了司马迁三十八岁的时候，他果然接了老爸的班，顺理成章地开始准备写《史记》。等司马迁正式动笔时，他已经 42 岁了。不料司马迁安心搞创作没几年，就在李陵的案子上栽了大跟斗，从此下半辈子都有了心理障碍。

司马迁在大牢里蹲了 3 年，这期间他一直抓紧时间赶写《史记》。但受刑给司马迁造成了严重的心理阴影，觉得人们都在看自己笑话。出狱后刘彻让司马迁当了自己的秘书长，而这个职位一般也都是由太监担任的，这又给了司马迁一剂沉重的心理暗示。

明摆着是把我也当成了太监。司马迁这下更受刺激了，经常精神恍惚，出了门就忘了自己该去哪，一想到自己受过宫刑就浑身出冷汗。

在这种魂不守舍的精神状态下，司马迁对自己的工作完全心不在焉，所有心思都花在了《史记》上。司马迁的朋友任安觉得他不对劲，就写信批评司马迁不专心做本职工作、吊儿郎当。

过了半年多，任安因为政治斗争犯事进了大牢，眼看着小命不保。司马迁这个时候给任安写了一封回信，把自己受刑后这些年的郁闷好一通大发泄。现在的很多经典语录都出自这封信，比如什么“士为知己者用”、“或重于泰山，或轻于鸿毛”之类的，这封回信就是有名的《报任安书》。鲁迅先生曾给予很高的评价。

这个时候司马迁的《史记》已经完成,《报任安书》也成了司马迁最后一次有据可查的动静，此后就没有了这位史学大宗师的确切下落。

有人也许会问：既然司马迁这么率直，敢于伸张正义，而且和任安的交情这么好，为什么后来任安遭难的时候，他没有站出来为任安辩解呢?

其一，当太子刘据被江充陷害、被迫起兵的时候，作为北军使者护军的任安确实曾答应刘据出兵，但结果却按兵没动，的确有“坐观成败”之嫌。从道义上说，任安是否值得维护，确实值得斟酌。这是最根本的原因。

其二，任安犯的是“不忠”之罪，司马迁根本无能为力。他在《报任安书》中详尽地叙述了自己遇祸的经过以后，写道：“此真少卿所亲见，仆行事岂不然乎！”此言表明，“李陵事件”有目共睹，我司马迁人微言轻，已是人所共知，现在的确没有能力救你！事实上也是如此。司马迁因为替李陵辩白而惨遭宫刑，这已经充分说明司马迁的话对汉武帝根本不起作用，而此时他又已成刑余之人，“负下未易居，下流多谤议”，此时再开口不过是自取其辱。

如果有人叩问司马迁的本真，也许这就是答案。

不论是作为一位文人，还是作为一位史官，司马迁从来没有放弃自己固守的精神本土。作为一位文人,尽管受到了生活几近致命的一击，可他非但没有沉沦，反而忍辱负重，发愤著书，留下了一部发人深省、万世传扬的巨著；作为一位史官，他敢于直言进谏，秉笔直书，可谓竭忠尽智、恪尽职守。高尚的人格、深邃的思想和独到的见解，使他在精神王国里永远散发着璀璨的光芒，并且，不断地激励着后人去探寻生命的意义和存在的价值!

《史记》被司马迁的女儿收藏在家里，第一个读者就是司马迁的外孙杨恽。

这小子常想，外祖父这一支笔，足足蘸了千年的墨水。

这才是真正的笔墨千秋啊。

## 汉朝小民的牢骚

汉朝的天空，星光灿烂。

但是在后人看来，这些光芒并不只属于这个时代的帝王。司马迁、张骞、卫青，这些人在历史的天空中同样熠熠生辉。

上述说的都是汉朝朝中的那些大事、小事、大人、小人。

除此之外，汉朝的小民们也一直在自我地活着，他们用另一种方式来体验着大汉跳动的脉搏。

如果你有幸生在汉朝，又有幸住在长安，而且拥有长安户口，那么恭喜你，你可有眼福了。

现今，如果你在大街上遇到一个明星，一定会大呼小叫老半天，人家可是明星啊。可你在汉朝如果也因此大呼小叫，人家不笑话你才怪呢。因为人家长安老百姓时不时地就能看到超级无敌天皇巨星——皇帝。

皇帝对于长安城内的人来说并不是一个遥远的神话，一天和皇帝打两次照面也不是什么新鲜事，可长安居民却不认为这是什么高兴事，他们满腹牢骚呢！

汉朝皇帝的宫殿可不像后来的紫禁城一样把自己包裹得像个粽子，它的建筑风格是非常开放的，城内宫廷官署与民居杂处，有九条主街干线互为经纬。

因此皇帝想要从一座宫到另一座宫去，就要从街道走。这一走就要戒严，长安城里的神仙都得让道，只要皇帝想动身，长安居民就不得安生。不光你皇帝有车，我们也有车啊。汉朝人打仗用车，出行用车，婚嫁也少不了车。

要是皇帝兴致来了，想打猎，那长安居民就更遭殃了，尤其是刘彻，刘彻的打猎非同一般，他从来都是微服打猎的，号称自己是平阳侯。他经常率领一支精悍的骑军，沿途打猎，长安百姓的庄稼没少让刘彻的马蹄子糟践。

更要命的是，刘彻打猎和老鼠一个习性，夜出晨归。这老百姓不但物质上受损失，精神上也受到了严重的创伤（因为睡不好，得神经衰弱的不在少数）。

在汉朝，打架斗殴之前一定要看清楚对方手里的家伙，不要以为是古代，就只是木头、石头之类的火拼，你大错特错了，汉朝有先进的武器——弩，有的还是几连发，也因为这种武器威力甚大，刘彻的丞相公孙弘还曾经提议将它列为管制武器，不允许私人拥有。

假如汉朝有法律系的话，如果你脑子没有足够的内存和兼容两种程序运行的软件，我劝你还是不要念了，因为你不要奢望能把国家法律完全弄清楚，这东西是连专门断案的老吏都未必能读得全的，它繁多得能压垮国家藏书馆的书架子，更要命的是里面有很多自相矛盾的地方。

在汉朝，如果小民生了女孩不要紧，女孩也能富贵，不是有卫子夫“灰姑娘”的故事吗？可如果小民生的女孩丑也不要紧，只要能让她心灵手巧能嫁出去就好了。如果小民生的女孩到了十五岁还没嫁人那就惨了，汉朝流行早结婚。晚婚晚育虽然有诸般好处，但最可怕的是可能永远也结不了婚，而且还得罚钱。

有一阵，汉朝的法律规定，要是谁家姑娘十五岁了还没嫁人，就得交双倍的人头税啊。

在汉朝，如果你遇到一个八九十岁的老头可千万不要惹他，就算他专门往你身上撞你也最好躲得远远的。发发牢骚就可以了。

因为人家这年龄不是一般的年龄，人家手里拿的杖也不是一般的杖。这拿王杖的老人，不但可以随便出入官府，甚至可以在天子道上行走，在市场上做买卖可以不收税，触犯刑律如果不是首犯可以不起诉。谁欺负了他们，就是藐视“王杖”，也就等于藐视皇帝。即使对方是官员，也同样是要砍头的（高皇帝以来，朕甚哀怜耆老，高年赐王杖，上有鸟，使百姓望见之，比于节，吏民有敢骂詈、殴辱者，逆不道。）简直是杖遍天下无敌手啊。

在汉朝如果你想当官，你必须有才，如果没有才，你必须有钱，而且得非常有钱，起码得拥有百万以上的钱。这个时候，你就能拿着大把的钱去买一个郎官了。但也只能做郎官。

假如你是一个汉朝人，那么你要学军事，可以去陇西；要学文化，可以去齐鲁；要学赚钱，也可以去洛阳。你什么都不想学，只想唱唱歌、跳跳舞然后找个大款，那你去赵地吧。

假如你是一个汉朝人，谁跟你说他今天吃的菜差点没辣死他，你可以确信他是在吹牛，你大可以大骂一声，丫的，少糊弄小民我，因为辣椒是哥伦布发现新大陆后才有的，汉朝人还没口福吃到辣椒。

汉朝小民可不喜欢看什么韩剧，追什么韩流。西汉文化对东亚和东南亚国家的影响深刻，越南、朝鲜、日本等国家都深受西汉文化的影响。

假如你是一个汉朝小民，遇见一个人大谈以德治国，那么你可以确信他是儒学派；如果你遇到一个人大谈法律的重要性，那么你可以确信他是法学派。如果“外儒内法”两个都谈，恭喜你，你遇见刘彻了。如果有春秋战国人乘着时光机来数落汉朝独尊儒术、文化专制。你就告诉他，我们汉朝学术自由，儒家学者有能综合众家者，而研一家之学者，如司马谈诸人学道家，阳球诸人学法家，主父偃诸人学纵横家，田蚡诸人学杂家，董安国诸人学农家，等等。

对了，如果你是汉朝小民，你有幸可以吃到豆腐了，美容养颜皮肤好。这个你得感谢谋反叛乱的那个淮南王刘安，是他发明了豆腐。

汉朝小民牢骚不断。

此时的汉朝朝气蓬勃，活力四射，以非凡的气度雄踞东方，傲视世界。

汉朝的小民有诸多的快乐，也有诸多的痛苦，更多是诸多无奈，发发牢骚而已。

一代雄主汉武大帝